밑 빠진 회사에 컨설팅 붓기

회사 조직의 4가지 펀더멘탈, 밑MEET을 다지는 24가지 질문

이 철 원

nabisori

밑빠진 회사에 컨설팅 붓기

회사 조직의 4가지 펀더멘탈, 밑MEET을 다지는 24가지 질문

초판 1쇄 인쇄 | 2025년 8월 25일
초판 1쇄 발행 | 2025년 8월 30일

지은이 | 이철원
펴낸곳 | 나비소리(nabisori)
펴낸이 | 최성준
교정교열 | 배지은
전자책 제작 | 모카
출판등록 | 2021년 12월 20일
등록번호 | 715-72-00389
주소 | 경기도 수원시 팔달구 효원로249번길 46-15
전화 | 070-4025-8193
팩스 | 02-6003-0268
원고투고 | nabi_sori@daum.net
서재 | https://fliphtml5.com/bookcase/uedwf/
살롱 | blog.naver.com/nabisorisalon
ISBN | 979-11-92624-24-2(13320)

이 책에 실린 판권은 지은이와 나비소리에 있습니다.
이 책 내용의 전부 또는 이미지의 일부를 재사용하려면
반드시 저자와 출판사의 서면 동의를 받아야 합니다.

책 값은 뒤표지에 있습니다.
파본은 구입처에서 교환해 드립니다.

검인생략

조직문화란 공기다.

물이다.

땅이다.

그 안에서 숨을 쉬고, 목을 축이고, 발을 디디고,

그 안에서 우리는 일을 한다.

청년기부터 노년기까지, 인생의 황금기 대부분을 보내는

바로 그곳을 가꾸는 일.

하루 8시간 이상, 가장 많은 시간을 들여야 하는

평생의 내 일이 재미 있고, 의미 있고,

마침내 성장하고 있다는 믿음을 갖도록 하는 일.

그것이 바로 조직문화다.

가볍지 않다.

무엇보다 남의 일이 아니다.

이미 알고 있지 않은가?

錄 in _ *prologue*

    저는 S 그룹 W社 소속 조직문화 책임자였습니다. W社는 규모나 영향력 면에서는 그룹 내 마이너 계열사였지만, 오너들의 '집'과도 같은 상징적 존재였어요. S 그룹은 '행복'이라는 키워드를 내세워 나름 조직문화에 진심이었죠. 수십 페이지에 달하는 조직문화 책자는 수십 년에 걸쳐 개정을 거듭한 그룹의 자랑이기도 했습니다.

    이를 토대로 매년 Culture survey라는 조직문화 진단을 했는데 W社는 그럭저럭 중간 이상 수준의 조직문화 수준을 유지해왔습니다. 그런데 어느 해부터 고꾸라지기 시작했어요. 장사가 안됐기 때문이죠. 2004년에 있었던 투자에서 발생한 수천억 차입금이 해소되지 않은 상태로 영업이익과 순이익을 깎아먹는 구조가 고착화됐고 2013년 중국발 한한령과 캐시카우 역할을 하던 면세사업 면허를 잃은 후 본격적인 내리막을 타기 시작했어요.

때마침 그룹 차원의 구조개편이 대대적으로 진행됐고 자체 생존이 어렵게 된 W社는 지주사에 자회사로 합병되면서 임원/팀장 인사, 재무, 구매 등 독립기업의 권한을 대거 잃게 됐습니다. 모기업에서 날아와 꽂힌 새 경영진이 빼든 카드는 정리해고를 포함한 구조조정이었죠. 이후 약 10여 년간 별다른 터닝포인트를 찾지 못하면서 회사 내 분위기는 최악으로 치달았습니다.

그런데 이게 무슨 운명의 장난인지, 하필 그 시기에 저는 전사 조직문화 책임자였어요. '3년 연속 Culture survey 꼴찌'라는 결과를 받아 들고 망연자실했던 기억이 생생합니다. 대표, 임원 공유회용 보고서를 만들기 위해 워드 화면을 열어놓고 3일간 단 한 줄도 작성하지 못했어요. 보고회를 하루 앞둔 날, 문득 전래 동화 콩쥐팥쥐의 '밑 빠진 독' 이야기가 떠오르더군요.

"부엌의 독에 물을 가득 채워 놓거라."

원님 잔치에 초대받은 팥쥐 엄마는 콩쥐에게 일을 시켰어요. 착한 콩쥐는 열심히 물을 길어 독에 부었지만 어쩐 일인지 물은 차오르지 않습니다. '밑 빠진 독'이었으니까요. 망연자실 울고 있던 콩쥐 앞에 두꺼비가 나타나 말합니다.

"깨진 밑을 내 몸으로 막아 줄 테니 그때 물을 길어 부으렴."

그제야 콩쥐는 정신을 차리고 독에 물을 가득 채워 결국 원님 잔치에 갈 수 있었다는 그 이야기, 들어보셨죠?

어린 시절 동화를 읽을 땐 그저 콩쥐가 불쌍할 뿐이었어요.

'못된 계모는 왜 착한 콩쥐를 괴롭힐까?'

그런데 이제는 이런 생각이 드는 겁니다.

'착하긴 한데 왜 그렇게 미련했을까? 콩쥐는…'

물이 채워지지 않고 줄줄 새기만 한다면, 독 자체에 무슨 문제가 있나? 원인부터 찾아야지. 그래서 깨진 밑을 메꾸든, 독 자체를 바꾸든 조치를 한 후에 물을 채워 넣어야 할 거 아닌가? 싶었죠.

콩쥐팥쥐 동화를 검색해 밑 빠진 독에 물 붓는 콩쥐 이미지를 찾아 보고서에 넣었어요. 그러고는 보고회 당일, 사장을 포함한 임원진들 앞에 '밑 빠진 독' 그림 한 장을 띄워놓고 이렇게 말했습니다.

"… 지금 우리 회사는 밑 빠진 독입니다. 이런 상황에서는 아무리 인풋(돈, 시간, 사람)을 쏟아부어 봤자 달라지는 건 없습니다. 저 역시 더 이상 할 수 있는 게 없습니다."

참석자들의 반응은 어땠을까요?

"어 차장, 용기 있는 소신 발언이야. 빠진 밑이 뭔지 생각해서 다시 추스려 보자고!"

라고 했을까요?

약 한 달 후 있었던 연말 조직개편에서 조직문화 파트는 공중분해되어 사라지고 말았습니다. 팀원들은 타팀으로 흩어지고 저 역시 마케팅팀 일반 팀원으로 발령이 났지요.

'버텨보자'하는 굳은 마음은 한 달을 채 못 갔어요. 도무지 맞지 않는 우스꽝스러운 옷을 입은 듯, 그저 꿰다 놓은 보릿자루가 된 기분이었죠. 결국 퇴사를 결정했습니다. 2020년 싸락눈이 내리던 2월의 어느 날. 제 나이 마흔다섯이었습니다.

후회하느냐고요? 네 후회합니다. '왜 더 빨리 결단을 내리지 못했을까?'라는 후회. 왜 더는 할 수 있는 게 없다며 손을 놓은 채 남 탓, 환경 탓만 하며 내 책임을 다하지 못했을까? 정말로 희망과 기대를 완전히 상실했다면 왜 더 빨리 회사를 나가 새로운 기회를 도모하지 못했을까? 하는 후회 말입니다.

여기, 종이컵이 있습니다.

퇴사 후 3년이 지난 어느 날, 저는 H모 대기업 체인지 에이전트 CA들 앞에 섰습니다. 종이컵을 들어 볼펜으로 바닥에 구멍을 뚫고 옆에 놓인 생수병을 들어 뚜껑을 땁니다. 그리고 이렇게 말했습니다.

"이 컵에 물을 부으면 어떻게 될까요?"

참석자들의 미간이 묘하게 일그러집니다. 종이컵에 물을 붓습니다. 물은 뚫린 구멍을 통해 바닥으로 줄줄 흘러내립니다. 여기서 다시 묻습니다.

> "돈은 돈대로, 시간은 시간대로, 사람은 사람대로 투자할 만큼 쏟아부었는데, 왜 우리 회사에는 아무런 변화도 없을까요? 아니, 심지어 더 망가질까요?"

여전히 묵묵부답입니다. 하지만 그들 모두가 답을 알고 있었습니다. 회사가 밑 빠진 종이컵이라면, 쏟아붓는 인풋(돈, 시간, 사람)은 물이기 때문입니다.

회사의 밑? 그게 뭔데? 바로 조직의 네 가지 펀더멘탈!

Motivation 동기
Emotion 정서
Environment 환경
Trust 신뢰

를 말합니다.

그 어떤 회사 차원의 캠페인도, 이벤트도, 워크숍도 다 '헛짓거리'가 되는 이유. 바로, 밑MEET이 빠졌기 때문입니다.

좋은 조직문화가 좋은 기업을 만들고 성과도 좋아진다?

우리 사장님이 실제 그렇게 믿는지는 의문입니다. 당장 조직구조만 봐도 답이 나옵니다. 유명 대기업, 잘 나가는 빅테크, 성장 궤도에 올라선 스타트업 몇 곳을 제외하면 제대로 된 조직문화 전담팀도 없습니다.

그래도 뭔가 흉내라도 내고 싶다면 보통 겸직을 시킵니다.

"사장님이 조직문화 개선 좀 해보라고 하는데, 김 대리가 맡아보지?"

김 대리는 채용담당자입니다.

"제가요?"

"왜 연초에 사장님 간담회 기획하고 진행해 봤잖아…"

"이걸요? 왜요?"라는 말이 목구멍까지 솟구치지만 마지못해 답합니다.

"아… 예…"

신입 채용, 경력 채용 일정으로 정신없는 와중에 똥 밟았다 싶습니다. 썩은 표정으로 자리에 돌아온 김 대리. 부글부글 끓는 속을 가라앉히고 가장 먼저 하는 일은 '다른 회사는 어떻게 하나?' 찾아보는 일입니다. 벤치마킹이라는 그럴듯한 업무가 되겠네요. 구글, 아마존, 애플, 배민 순으로 훑습니다.

대충 각 회사의 표면화된 조직문화 특성을 모아 갈음하고 인사쟁이들이 모인 카페에 들어가 글 하나를 남깁니다.

[OO 기업 인사담당자입니다. 회사에서 조직문화 개선을 해보라고 하는데, 도통 감을 잡을 수 없네요. 참고 가능한 좋은 자료나, 제안서 부탁드립니다. KimOO@never.com]

김 대리의 기획서에 들어갈 이벤트들은 안 봐도 비디오입니다. 사장님 간담회부터 사내 캠페인(수평적 소통, 존중하는 문화 등), 칭찬하기 이벤트 따위가 줄줄이 이어집니다.

하이라이트는 외부 컨설팅에 의뢰한 조직진단과 워크숍이죠.

'혁신 워크숍' '변화 관리 리더십' 등 대상에 따라 이름은 달라지지만 내용은 거의 비슷합니다. 팀빌딩이랍시고 '도전 50초'같은 협동 게임으로 왁자하게 몸을 풀게 한 후, 초청 강사의 특강, 조별 토론으로 이어집니다.

굳이 듣지 않아도 90% 이상 그 내용을 짐작할 수 있는 우리의 각오, 개선과제 따위를 플립차트에 적어서 발표하고 나면 워크숍의 하이라이트인 '뒷풀이'로 이어집니다.

소주 3, 맥주 7 비율로 폭탄주를 만들어 일장 건배사와 함께 서너 바퀴 돌고 나면 분위기가 달아오릅니다. 서로서로 어깨동무를 하고 '매출 1000억' '영업 이익률 10% 달성' 따위 구호를 외치며 전의를 다집니다. 이 회사의 올해 매출은 500억, 영업 이익률은 2%에 불과합니다. 대체 무슨 수로? 싶지만 이게 다 기분 아니겠습니까? 왁자지껄한 하루를 보낸 다음 날 남는 건 무엇? 숙취와 밀린 일뿐입니다.

최소 수백에서 수천의 비용이 들어간 조직문화 컨설팅을 받고 나니, 어떻게 뭔가 좀 변화가 있던가요? 회사 살림살이가 좀 나아졌습니까?

이런 일이 매년 반복되면 대표님은 이렇게 생각합니다.

'회사는 할 만큼 하는데, 왜 변하는 건 없을까? 왜 하나같이 주인의식도 없고 수동적이고 패배주의적인 모습만 보이는 거지?'

구성원들은 이렇게 생각합니다.

'이런 거 한다고 변하냐? 차라리 그 돈을 날 주지.'

'이런 데 불러서 일도 못하게 하지 말고 그냥 내버려 둬!'

마치 영원히 평행선을 달리는 철도 레일처럼, 밑MEET빠진 회사가 이렇습니다.

조직도는 거짓말을 하지 않습니다. 무슨 말이냐고요? 회사에서 정말 중요하게 여기는 기능은 절-대 겸직으로 두거나 타 팀의 한 부분으로 두지 않는다는 뜻입니다.

일하기 좋은 회사

요즘 시장, 고객들은 기업의 이미지를 소비합니다. 이른바 '가치소비'의 시대죠. '지속 가능한 성장' '환경' '함께 사는 사회' 따위보다 고차원적 가치에 관심을 가집니다. 자신과 같은 결을 가진 기업을 발견하면 충성고객을 넘어 자발적인 팬이 되고, 이러한 이들이 모여 거대한 팬덤을 형성하죠.

구성원들 역시 '가치노동'에 눈을 떴습니다. 3년여에 걸친 팬데믹과 AI 등의 기술혁신을 통해 이제 알아버렸거든요. '예전처럼 일하면 안되겠구나!' '자리만 차지하고 앉아서 하는 거라곤 눈만 부라리는 그 사람이 없으니 더 집중이 잘 되고 업무효율이 더 높아지는구나!'라는 진실을요!

시장과 고객, 내부구성원에게 '좋은 회사'란 더 이상 돈만 잘 버는 회사가 아닙니다. 역으로 시장과 고객, 내부구성원들에 외면받는 회사는 돈도 잘 못 법니다. 이전의 명성에 기대어 그럭저럭 좋지도 나쁘지도 않은 상품과 서비스를 손쉽게 팔아대며 꿀 빨던 시대는 끝났어요. 이뿐만이 아닙니다. 구성원을 파트너가 아닌, 언제든 갈아 끼울 수 있는 부품 취급하고 '근면성실'이라는 한물간 가스라이팅으로 노동력을 쥐어짜던 시대 역시 머지않아 수명이 다할 것입니다.

기존의 정답과 질서가 해체되고 새로운 표준이 등장하는 뉴노멀의 시대에 모든 기준은 한동안 상실되었던 '인간' 그 자체, 즉 본질로 회귀합니다.

'좋은 회사'란 무엇인가? 에 대한 답 역시 '인간' 그 자체에 있습니다.
"나는 여기에서 일하는 것이 좋은가?"

라는 질문과 답으로부터 시작합니다. 다녀보니 동기가 자극되고 정서적인 케어와 안정적인 환경을 제공하며 신뢰까지 차곡차곡 쌓는 회사. 그래서,

"어? 이 회사 괜찮은데? 앞으로도 쭉 다녀보고 싶어!"

라는 생각을 하는 사람들이 압도적으로 많은 그런 회사 말이에요.

이 그림을 한번 보죠.

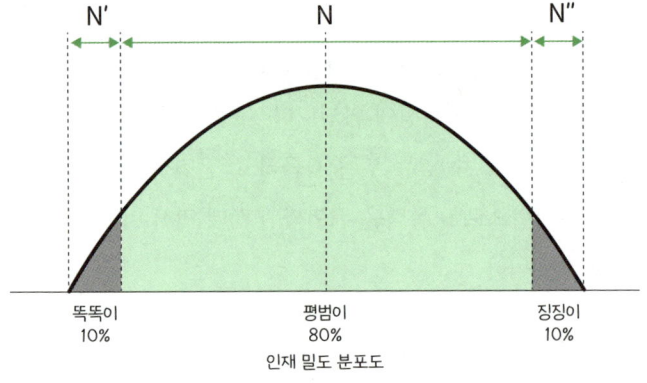

인재 밀도 분포도

왼쪽 10% (N')에 속한 사람들을 '똑똑이'라 부릅시다. 똑똑이들은 어떤 상황에서도 불평불만 없이 자기 할 일을 책임감 있게 잘할 사람들이죠. 반면 그 반대쪽 10%(N")는 '징징이'라 칭합시다. 징징이들은 어떤 일에도 부정적이고 비협조적입니다. 가운데를 차지하는 약 80%의 사람들은 '평범이'로 부르도록 하죠.

"어느 조직이든 똑똑이와 징징이는 비슷한 비율로 양극단에 존재해요."

좋은 조직문화를 가진 회사란 똑똑이(N')에 속한 사람들의 밀도가 높고 평범이들(N)이 똑똑이들에 좋은 영향을 받는 회사일 겁니다. 마찬가지로 망가진 회사는 평범이들이 징징이(N")들에 의해 나쁜 영향을 더 많이 받는 회사일 테죠.

단, 모두를 똑똑이로 만들 수는 없어요. 그건 욕심이죠. 구글, 애플, 아마존, 배민도 모든 구성원이 100% 회사에 딱 맞아떨어지지는 않죠. 전부를 바꾸려다 일부도 바꾸지 못하는 딜레마에 빠질 수 있습니다.

바로 이 지점에서 조직문화가 해야 할 일의 본질이 도출됩니다. 어떻게 하면 평범이들이 똑똑이들로부터 좋은 영향을 더 많이 받을 수 있을까? 가장 먼저 해야 할 일은 조직이 반드시 갖춰야 할 네 가지 펀더멘탈 MEET부터 탄탄히 다지는 것입니다.

우리 회사 밑MEET 수준은 어떨까?

먼저 우리 회사의 밑MEET 수준이 어떤지 알아야겠어요. 어떻게 알 수 있을까요? 여기 진단 Tool이 있습니다.

이름하여 '우리 회사 밑MEET 진단'

네 개 카테고리(Motivation / Emotion / Environment / Trust)가 있는데 각 6문항씩, 즉 24개의 객관식 질문과 2개의 주관식(총 26개 문항)으로 구성되어 있습니다.

진단 결과는 분석 보고서 다음 페이지 참고로 제공됩니다.

혹여 진단 결과를 받아 들고 '내가 어떻게 해줬는데 감히 회사를 이런 식으로 평가해?'라는 마음을 품으실 거라면 아예 시작도 마세요.

밑MEET 진단은 상 주고 벌 주려는 '평가'의 목적이 아니라 '실태 파악'이라는 사실을 명심하세요. 문제가 있다면 신속히 그 원인을 찾아내 적절히 대처하면 될 일입니다. 물론 사안의 심각성에 따라 대수술이 필요한 경우도 있을 겁니다. 하지만 진실이 두려워, 환부를 도려내는 일이 고통스러워 그저 덮어두기만 한다면 '기대결과'는 한 가지뿐이에요. 다 같이 죽는 거죠.

왜 엄청난 인풋(돈, 시간, 사람)을 들여 혁신 워크숍을 진행하고, 캠페인을 하고, CEO 간담회를 해봐도 아무런 변화가 일어나지 않는지, 아니 오히려 더 퇴보하는지 그 이유를 도무지 모르겠다면, 조직의 네 가지 펀더멘탈, 밑MEET 수준부터 살펴보세요.

진단 결과 분석 보고서(샘플)

Contents

prologue_ 005

Motivation
MEET의 첫 번째는 동기입니다. 023

m_01
회사의 금전적 보상수준(급여, 인센티브 등)에 만족한다_ 028
외적동기 1_ 돈

m_02
회사 사람들과의 관계는 원활한 편이다_ 033
외적동기 2_ 사람관계

m_03
사무실 환경, 구내식당, 복리후생 등 물리적 근무조건에 만족한다_ 039
외적동기 3_ 업무환경

m_04
지금 맡은 일은 내 전문성과 흥미에 부합한다_ 046
내적동기 1_ 일

m_05
나는 현재 일을 통해 성취감을 얻고 성장하고 있다_ 054
내적동기 2_ 성취와 성장

m_06
내가 수행한 성과에 대해 적절한 인정을 받고 있다_ 064
내적동기 3_ 피드백

Emotion
MEET의 두번째는 감정, 정서입니다. 075

Em_01
**일상업무나 대인관계에서
나 자신의 강점과 약점을 명확히 이해하고 있다_ 086**
자기인식 1_ Self awareness

Em_02
**나는 평소의 내 감정(즐거움, 놀라움, 분노, 슬픔, 두려움, 역겨움)
상태를 잘 파악한다_ 093**
자기인식 2_ 감정 들여다보기

Em_03
나는 마음의 상처를 받아도 곧잘 이겨내고 털어내는 편이다_ 100
자기인식 3_ 회복탄력성

Em_04
일상업무나 대인관계에서 타인의 입장과 감정을 잘 파악하는 편이다_ 109
사회적관계 1_ 감정이입

Em_05
**기대만큼 일이 풀리지 않을 땐,
환경이나 타인에 원인이 있다고 느낀 적이 많다_ 120**
사회적관계 2_ 이기주의

Em_06
**일을 하다 보면 갈등은 자연스러운 일이며,
대화를 통해 풀 수 있다고 생각한다_ 129**
사회적관계 3_ 갈등

Environment
MEET의 세 번째는 환경구축입니다. 139

En_01
일을 하는 데 방해되거나 몰입을 저해하는 요소가 없다_ 144
안전감 1_ 몰입

En_02
조직 내에서 필요한 정보와 메시지는 정확하고
시의적절하게 전달되는 편이다_ 155
안전감 2_ 소통

En_03
회의석상이나 공적자리에서 이견이나 아이디어를 말할 때
별다른 제약없이 자유롭다_ 165
안전감 3_ Risk Taking

En_04
우리 팀의 업무 분배는 각 팀원의 역량과 역할에
적합하게 이루어져 있다_ 174
소속감 1_ 팀십

En_05
내 리더는 실패에 책임질 줄 알고 성과는 양보할 줄 안다_ 185
소속감 2_ 리더십

En_06
우리 팀원들은 개개인의 목표와 성과보다
팀 전체의 목표와 성과를 우선시 한다_ 195
소속감 3_ 발전적 경쟁

Trust
마지막, 네 번째는 신뢰조성입니다. 207

T_01
우리 회사의 미션과 비전에 대해 알고 있고 그에 동의한다_ 214
메시지 1_ 미션 & 비전

T_02
타 회사와 비교해 우리 회사만의 차별화된 핵심가치가 있다_ 223
메시지 2_ 핵심가치(차별화)

T_03
우리 회사 경영진은 약속한 바를 실제 행동으로 이행한다_ 230
메시지 3_ 언행일치

T_04
우리 회사의 주요 의사결정은 공식적인 기준과 절차,
채널에 의해 투명하게 공개된다_ 240
시스템 1_ 투명성

T_05
우리 회사의 제도와 시스템은
구성원(사용자) 입장에서 최적화되어 있다_ 251
시스템 2_ 목적성

T_06
내가 받는 평가와 보상은 정당한 과정을 통해
이루어진 결과라고 믿는다_ 261
시스템 3_ 공정성

epilogue_ 273

EXTERNAL MOTIVE

INTERNAL MOTIVE

Motivation

MEET의 첫 번째는 동기입니다.

이 동기는 크게 외적동기와 내적동기로 구분되는데,
아래와 같은 문항들을 통해 파악할 수 있습니다.

외적 동기
- m1. 회사의 금전적 보상수준(급여, 인센티브 등)에 만족한다.
- m2. 회사 사람들과의 관계는 원활한 편이다.
- m3. 사무실 환경, 구내식당, 복리후생 등 물리적 근무조건에 만족한다.

내적 동기
- m4. 지금 맡은 일은 내 전문성과 흥미에 부합한다.
- m5. 나는 현재 일을 통해 성취감을 얻고 성장하고 있다.
- m6. 내가 수행한 성과에 대해 적절한 인정을 받고 있다.

동기부여라는 말, 직장인이라면 누구나 들어봤을 겁니다. 그런데 말입니다. 전제부터 틀렸다면 어떨까요? 동기부여 잘 되던가요? 그걸 어떻게 부여해요? 누가 부여하죠? 동기는 누군가 부여해주는 게 아니라 이미 있는 동기를 자극해서 끌어내 주는 요소입니다.

"아유... 하기 싫어."

일은 정말 하기 싫은 것일까요?

<무한상사> 박명수 차장의 표정에 아무런 의욕도 의지도 생각도 없이 주어진 일을 쳐내기에 급급하던 수많은 선배, 후배, 동료들의 얼굴이 줄줄이 지나갑니다. "회사는 자아실현하는 데가 아니야!" 라며 호통치던 S 상무의 얼굴도 보이네요.

그 말이 맞다면 우리는 왜 일이 하기 싫어졌을까요?

> 이 질문은 "회사에 왜 다녀?"라는
> 질문과도 일맥상통합니다.
> "회사 좋아서 다니냐?
> 하루에도 열두 번씩 때려치우려다가도
> 일 년에 두 번 나오는
> 스팀팩 때문에 겨우 버티는 거지."

무려 S 그룹 메이저 계열사에 다니는 대학동기는 술자리에서 늘 이런 불평을 달고 살았습니다. 그가 말하는 스팀팩이란 기본급의 수백 퍼센트에 달하는 인센티브입니다. 같은 그룹사 소속이지만 메이저 계열사의 처우는 그야말로 상상 이상이었죠. 구체적인 액수를 듣고는 양가적 감정이 생기더라고요.

'돈을 그만큼 받으면 평생 충성하면서 다니겠네!'싶다가도 썩을 대로 썩은 녀석의 표정을 보고 있노라면 '그래 돈이 다가 아니지'라는 자기 합리화로 갈아타게 되더라고요.

『드라이브』[1])의 저자 다니엘 핑크 Daniel Pink 은 이렇게 말합니다.

> "돈은 '자극에 대해 반응이 시작되는 분계점의 동기'에 불과하다고 믿는다. 사람들은 적절한 보수를 받고 가족을 부양할 수 있어야 한다. 그러나 회사에서 일단 이 기준선이 충족된 후에는 얼마를 더 버는지는 성과와 동기에 큰 영향을 미치지 않는다."

『마음의 법칙』[2])의 저자 폴커 키츠 Volker Kitz 역시 이렇게 주장합니다.

> "내적 동기에서 비롯된 행동. 우리의 자아를 온전히 발현해 주는 것. 반면 외적 동기, 자발적인 마음으로는 하지 않을 일을 하게 하는 것. 무언가 보상을 받거나 처벌받지 않기 위해 하는 것. 이 두 동기는 근본적으로 나란히 작용한다."

---

1) 김주환(번역), 청림출판, 2011
2) 김희상(번역), 포레스트북스, 2022

굳이 유명인들의 말을 빌리지 않더라도 우린 이미 알고 있어요. 웬만한 중소기업 연봉만큼의 인센티브를 더 받고도 돈은 그저 버티게 해주는 요인이지 일을 신나게 해주는 요인이 아니라는 진리를.

은근한 부러움에 입맛이 다셔지는 건 또 다른 문제입니다. 하지만 하루 8시간 이상, 20대부터 60대까지의 인생 황금기를 '그저 먹고살아야 한다'는 경제적 이유만으로 일터에 고스란히 바쳐야 한다면 얼마나 끔찍합니까? 돈이 전부가 아니다? 그럼 뭘까요? 알아주는 대기업 로고가 박힌 명함과 사원증? 허먼밀러 의자와 맥북이 지급되고 바닥과 천장에선 음이온과 산소가 나오는 사무실 환경? 5성급 호텔 셰프 출신이 삼시 세끼 질 좋은 무료 식사를 대령하는 카페테리아?

이왕이면 다홍치마라고 그런 외적 조건들이 좋아서 나쁠 건 없죠. 다다익선, 거거익선이죠. 이런 동기들을 크게는 '외적 동기'라고 부릅니다. 하지만 이것만으로는 충분하지 않은 게 현실입니다.

정답은 생각보다 가까운데 있어요. 바로 '일' 그 자체.

> '나는 왜 일하고 있는가?'
> '나는 무슨 일을 할 때 즐거운가?'
> '언제 가슴이 뜨거워지는가?'
> '뭘 할 때 살아있음을 느끼는가?'

라는 본질적 질문 안에 정답에 가까운 해답이 들어있습니다.

이를 '내적동기'라고 부릅니다.

그런 씨앗 하나쯤 가슴속에 품고 살지 못하는 삶은 얼마나 얄팍하고 건조하고 뻔할까요? '먹고 살려고' '다들 그렇게 살아'라는 뻔하고 진부하고 무책임하고 폭력적인 세뇌에 순응해 살다 보면 언젠가는 조우하게 됩니다.

마치 과음과 스트레스 속에 꾸역꾸역 버티다 마침내 발병하는 지병처럼, '왜 나로 살지 못했는가'하는 자괴감에 짓눌린 또 다른 나 자신을 말입니다.

잠시 멈춰 서서 눈을 감고 내 속에 숨은 씨앗을 더듬어 봅시다. 그 씨앗은 마음속 어디쯤에선가 말랑말랑한 내 손가락 끝에 걸릴 것입니다. 생각보다 따뜻하고 관심의 물만 준다면 언제든 싹을 틔우겠다는 의지를 가졌을 것입니다.

> '한 번쯤 일해보고 싶은 회사'를 만드는
> 네 가지 기본, MEET의 첫 번째 여정이 바로
> Motivation, 동기인 이유입니다.

| M_Q1 |

회사의 금전적 보상수준(급여, 인센티브 등)에 만족한다.
외적동기 1 돈

이 문항에 대한 불만이 높게 나온다면 어떻게 하시겠어요?

> "돈 많이 받으면 좋은 걸 누가 모르나. 그런데 현실이 어디 그래? 우리가 잘 나가는 대기업도 아니고, 요즘 사람들 눈만 높아져서 말이야."

정확하지는 않아도 대략적인 처우 수준은 금세 파악 가능한 시대예요. 처우에 불만이 있다면, 다 그럴만한 이유가 있는 겁니다. 이리저리 찾아보고, 합리적인 수준에서 계산해 봤을 때 뭔가 덜 받고 있다는 느낌을 받고 있기 때문이에요.

> "흠흠. 그렇게 받고도 일하겠다는 사람은 많아. 싫으면 나가던지."

당장은 인건비 부담을 덜 수 있어 이익이다 싶겠지만, 이 사업 1, 2년 하고 말 건가요? 퇴사율 **Turnover rate**이 높은 건 그 자체로 비용입니다. 한 사람이 들고날 때 최대 수천만 원의 손실이 발생한다는 연구도 있어요. 그 와중에 동종업계 대비 평균에도 못 미치는 처우를 감수하고도 꾸역꾸역 다닐 수밖에 없는 수준의 구성원들에게 회사는 어떤 기대를 할 수 있을까요? 그들을 쥐어짠다고 성과가 나오기는 할까요?

> "돈보다는 제 일에 대한 열정, 배우겠다는 자세, 그런 태도를 가진 사람이 제대로 된 인재 아닌가? 우린 그런 사람들만 있으면 돼."

옳은 말이죠. 전적으로 동감합니다. 단, 전제가 있어요. 그런 생각도 '받을 만큼 받고 있다'라는 개인적 확신이 있을 때나 가능하다는 겁니다. 회사가 자원봉사단체가 아니듯, 구성원 개인도 자원봉사하러 회사 다니는 게 아니거든요.

'최저로 주고 최대로 뽑아 먹겠다'라는 도둑놈 심보 그 이상도 이하도 아닙니다. 경영효율화니, 뭐니 그럴듯한 말장난으로 포장하지 마세요. 내 회사에 와서 내 꿈을 위해 일해주는 구성원을 파트너가 아닌 한낱 부품으로 취급하는 회사라면 그 앞날은 보나 마나입니다.

돈이 전부는 아니지만 먹고사는 문제에 불안 혹은 불만이 생기면 어떤 일도 의미가 없어집니다. 이런 상황에 회사에 충성하고 일에 몰입해 성과를 내겠다는 동기를 가질 리가 없잖아요. 줄 만큼 줬고 받을 만큼 받았다는 '교점'을 찾아야 합니다. 처우에 대한 불만은 배 밑바닥에 뚫린 구멍과도 같아요. 이 구멍이 하필 해수면 아래 밑바닥에 생겼다? 그럼 곧 침몰하는 겁니다.

다행히 구멍을 발견하고 늦기 전에 조치를 취한다면 침몰이라는 파국을 피할 수 있지만 어쩐지 대다수의 문제적 회사들은 배 밑바닥에 구멍이 생겼다는 것조차 모르는 모양이에요.

"아니, 회사 사정도 감안하지 않고 무조건 최고 수준으로 대우해 줘야 한다는 말인가요?"

볼멘 대표님들의 아우성이 여기저기 들려옵니다.

해수면은 비교기준선을 뜻합니다. 누구나 '대기업 수준으로 대우를 받으면 좋겠다' 희망하지만, 대개 자기 자신의 시장성을 어느 정도는 알고 있어요.

그들에게 적정 비교대상이란 동종업계, 동일직무, 동일연차, 동일직급의 '또 다른 나'입니다. 즉 자신의 수준에서 적정한 비교대상을 찾아 현실과 타협하기 마련이에요. 요즘은 마음만 먹으면 업계의 평균 임금, 처우, 복지 수준쯤은 금세 알 수 있어요. 우리 회사가 그 평균선에서 어느 수준에 있는지도 귀신같이 알아채죠.

'나보다 나을 것 없어 보이는 사람도 이만큼 받는데 나는 왜 이 모양이야?'라는 생각이 드는 순간, 배 밑바닥에 균열이 일어난다는 사실을 잊지 마세요.

인식과 실재의 문제를 구분해 대응하세요.

처우에 대한 불만, 균열은 두 가지 유형으로 나뉩니다. '실재' 와 '인지'. 전자는 실제로 동종업계 대비 처우가 떨어지는 경우입니다. 후자는 실제로는 그렇지 않은데 뚜렷한 근거도 없이 덜 받고 있다고 생각하는 경우예요.

전자라면 회사는 어떤 수를 써서라도 처우를 평균선 수준으로는 끌어올려야 합니다. 선택의 여지가 없어요. 사업 여건이고 뭐고 간에 현재의 상태가 지속되면 결국 일할만한 사람들을 경쟁업체에 모두 빼앗기고 쭉정이들만 남게 됩니다. 당장 여유가 없다고 여유 부리다가 미래의 성장 동력까지 뺏기고 악순환에 빠지는 꼴이죠.

하후상박(下厚上薄), 사원급 처우 수준부터 끌어올리세요. 대표, 임원, 팀장들 처우를 동결하거나 낮춰서라도 밑에서부터 끌어올려야 합니다. 최소 동종업계 평균 수준은 돼야죠. 이 기본마저 못하겠다면 스스로에게 질문해 보세요 '내 식구들의 기본적인 처우조차 업계 평균 수준으로도 못 맞춰줄 정도라면, 대체 이 사업은 왜 유지되어야 하는가?'라는 본질적 질문 말입니다.

당장은 어렵다면, 회사 사정을 투명하게 오픈하세요. 구체적인 미래를 그리고 있으니 고통을 함께 분담하자고 설득부터 하세요. 순간을 모면할 공수표를 남발하라는 이야기가 아닙니다. 실현가능한 실체는 분명 있어야 합니다. 그래도 등을 돌린다면 인

연은 거기까지지만, 믿고 남아준 사람들에게는 어떤 일이 있더라도 약속을 지켜야 합니다.

후자라면 일단 오해부터 푸세요. 정확한 근거도 없이 뇌피셜 불만을 가진 사람일수록 빅마우스가 되기 쉬워요. 그들이 아무리 소수라고 해도 부정적 정서를 퍼트리는 순간, 확대 재생산은 마른 잔디에 불붙기처럼 온 산에 퍼지고 맙니다.

회사는 구성원들이 처우 수준 인식을 정기적으로 조사(서베이, FGI 등)해서 실재와 인식 간 격차를 파악하고, 간극이 있다면 적극적으로 줄여야 합니다. 필요하다면 동종업계 평균, 동일연차, 직급 평균 처우와 자사 데이터를 명명백백 비교해 공개함으로써 불필요한 논란을 사전에 방지하고 회사 정책의 투명성 또한 확보할 수 있어요.

돈 많이 주고, 연말 보너스 준다고 자발적으로 움직이지 않습니다. 돈으로 승부 볼 거 아니라면, 평균 수준은 어떻게든 맞추고, 다른 동기 요인을 자극하세요. 돈 100만 원 더 받는다고 100만 원어치 더해야지 생각하는 사람 없습니다.

| M_Q2 |

회사 사람들과의 관계는 원활한 편이다.
외적동기 2 사람관계

    지난 2024년, 파리 올림픽이 있었습니다. 우리나라는 애초 금메달 5개를 예측했는데 예상을 훌쩍 뛰어넘는 13개의 금메달을 따냈어요. 목표 초과입니다. 기대 이상의 성과였지만 잡음도 있었어요. 특히 여자 단식에서 최초로 금메달을 따낸 배드민턴 종목에서 선수와 협회 간 갈등이 불거졌는데, 협회의 뿌리 깊은 구태가 도마 위에 올랐습니다. 진실 공방이 이어지고 있지만 선수의 경기력보다 잿밥에 관심이 많아 보이는 수뇌부의 행태에 협회의 민낯이 드러나는 형국입니다. 결국(힘을 가진)사람 문제였습니다.

    반면 선수와 협회 모두 빛나는 종목도 있었습니다. 수십 년째 세계 최강을 자랑하는 양궁입니다. 양궁은 협회가 청정한 것으로 유명합니다. 이전 올림픽 금메달리스트라도 내부 경쟁 가차 없이 탈락할 수 있는 종목이 바로 양궁입니다. 이름값은 물론이거니와 끈이니 파벌이니 사람 관계의 힘이 통하지 않습니다. 오직 실력으로만 국가대표를 뽑기 때문입니다.

이런 원칙은 여성단체 10연패, 남자단체 3연패, 전 종목 석권이라는 압도적 성과로써 그 옳음을 증명했습니다. 사실 이런 문제는 비단 국가대표팀 협회뿐 아니라 사회 전반에 걸쳐 흔하게 나타납니다.

회사를 떠나는 게 아니라 사람을 떠나는 것이다.

멀리 찾을 것도 없이 검색 사이트에 '퇴사 사유' 네 글자만 입력해도 그 결과가 주루룩 나오는데, 대체로 사람과의 갈등이 1, 2위를 오가곤 합니다. 일이 힘든 건 참아도 사람 힘든 건 못 참는 법이죠.

리더십의 대가 존 맥스웰 John C. Maxwell 은 이렇게 말했어요.

> "사실, 사람들이 회사를 그만두는 것은 회사가 싫어서라기보다는, 사람들이 싫어서다. 이직률의 가장 큰 원인은 신뢰의 부족이다."

우리 회사의 리더들은 어떤 사람들입니까?

회사는 이익 추구라는 목적을 가진 공적관계 위주의 조직이지만 사적관계 역시 만들어질 수밖에 없어요. 팔이 안으로 굽는다는 말이 있듯이 실력, 역량이라는 비교적 객관적 지표 외에도 학연, 지연 등의 연결고리와 개인적 호감이라는 주관적 요소들이 개입할 수밖에 없죠.

이러한 내용은 인사관리 이론에서도 다루고 있습니다.

LMX Leader Member eXchange

단어만 봐도 따분하기 그지없습니다. 하지만 별 내용은 아니에요. 리더는 부하직원을 인그룹 In group 과 아웃그룹 Out group 으로 나눠 다르게 대우한다는 겁니다.

그만큼 자연스러운 일이라 해도 내 편, 네 편 구분이 지나치게 노골적이면 공정성을 해치고 급기야 조직 전체를 균열에 이르게 하는 핵심 원인이 된다는 사실만큼은 자명합니다.

이 과정에서 역량은 있지만 인그룹에 들지 못한 구성원의 경우 팀 내에서 겉돌다 끝내 타팀으로 옮기거나 퇴사라는 선택을 합니다. 회사 전체로 봐선 크나큰 손실이죠.

'직장 내 괴롭힘 금지법'이 있는 마당에 노골적인 모욕, 괴롭힘은 실제로 많지 않겠지만 미묘한 뉘앙스나 비언어적 형태로 교묘히 상대를 괴롭히는 미세공격의 가능성은 여전합니다. 수많은 리더들이 스스로 공정하고 객관적인 사람 관리를 한다고 믿지만, 실제 주관적인 호불호에 더 이끌린다는 사실을 인정하지 않습니다.

자연스러운 호불호는 어쩔 수 없는 내면의 본성이지만, 그렇다는 사실조차 인지하지 못하는 무지한 리더들이 많을수록 조직내에는 인간관계로 괴로워하는 구성원들의 수가 늘어납니다. 리더는 단순히 일만 잘하는 사람일 수 없습니다. 어느 한쪽으로만 치우친 편향된 소통에 빠져서도 안 됩니다.

리더는 성과는 물론 '자기객관화'에도 능해야 합니다.

리더십은 경험을 통해 자연스레 깃들기도 하지만 의도적인 학습과 상호작용을 통해서 만들어지는 게 더 큽니다. 사내 리더십 과정에 '편견과 편향'과목을 필수로 편성해 정기적으로 교육하고 리더 자신의 행동을 돌아볼 수 있는 기회를 수시로 마련하세요. 인간이라면 자연스러운 본질적 편향의 가능성을 인지하고 스스로 경각심을 갖도록 해야 합니다.

회사 차원에서는 직장 내 괴롭힘 금지법을 필두로 남녀, 직급별 발생할 수 있는 각종 편견과 편향에 대해 명백히 반대한다는 메시지를 명확히 해야 합니다. 만일 이를 위반한 경우에는 강력하게 조치해야 합니다.

팔은 안으로 굽는다지만, 그 사실을 인지하고 혹시나 현재 내가 그렇지는 않을까? 하며 스스로를 채찍질하는 사람들이야말로 리더가 될 자격을 갖춘 인재라는 사실을 명심하세요.

옥상옥이 있어서는 안 됩니다.

나이키 창업자 필 나이트 Phil Knight 는 칸광고제에서 '올해의 광고주 상'을 수상하며 이런 소감을 남긴 것으로 알려졌어요.

"이 상을 받은 건 내가 아무것도 하지 않았기 때문입니다."

창업자가 자신이 만든 조직에서 할 수 없는 일이 과연 있을까요? '나이키 구성원들의 힘과 역량을 믿고 그대로 따랐다'라는 핵심 메시지를 담으면서도 구성원들에게 그 성과를 돌리는 겸양, 역시 세계 최고 브랜드 경영자답습니다.

실제로 모든 것을 할 수 있는 힘과 권한을 가진 권력자가 별다른 참견을 하지 않았다는 사실은 역설적으로 대단한 무언가를 실행했다는 의미로 읽힙니다.

시스템이 잘 갖춰져 있고 담당자의 실력이 괜찮다면, 일이 진행되는 과정과 그 결과물을 온전히 믿어야 합니다. 조직 내에 시스템과 제도 위에 군림하는 절대 권력이 있어서는 안 됩니다. 그의 말 한마디로 결과가 뒤집히기라도 하는 날엔 회사의 의사결정 시스템이 처음부터 무력화되는 '옥상옥'이 출현하게 됩니다.

"한번 결정된 사항에 대해서는 오너 아니라 오너 할아버지라도 뒤집히지 않도록 해야 합니다."

오너 기업일수록 옥상옥 현상에 취약합니다. 누구도 'No'라고 하지 못하고 yes맨만 남으면 이 일이 잘된 건지 아닌지 객관적으로 알 길이 없게 됩니다. 인간의 일에 완벽이란 없고 100% 정확할 리가 없죠. 만약 리더로서 '내 귀에 캔디'처럼 내게 달콤한 이야기만 들려온다면 조직 내 자정작용에 뭔가 심각한 문제가 생겼음을 미루어 짐작할 수 있어야 합니다.

절대 권력이 누구인지 눈치챈 Yes맨들은 회사의 공식 시스템과 제도, 절차를 무시하고 줄서기에 바쁩니다. 그 과정에서 내 편, 네 편을 나누고 종국엔 사적 보상과 제재가 반복되며 악순환에 빠지고 맙니다. 이들이야말로 일반 구성원들을 힘들게 만드는 '주범'일 가능성이 매우 높습니다. 이런 분위기는 성과 부진으로 이어질 수밖에 없습니다. 잘못된 것을 잘못됐다고 말하지 못하게 된 조직은 반드시 사고를 칩니다.

정상적인 사고방식을 가진 인재들이라면 이런 혼돈을 견디지 못합니다. 결국 '사람 이슈'를 핑계로 퇴사하고 조직엔 줏대 없는 Yes맨 딸랑이들만 남습니다.

어떤 조직이든 강력한 오너십은 든든한 자산이자 베네핏일 수 있습니다. 하지만 이러한 오너십이 공식적인 시스템, 제도 위에 군림하는 순간 조직 전체를 위기로 몰아넣을 강력한 리스크가 된다는 사실을 명심하세요.

| M_Q3 |

사무실 환경, 구내식당, 복리후생 등
물리적 근무조건에 만족한다.
외적동기 3 업무환경

"와, 이런 데서도 일이 되냐?"

적어도 우리 직원들 입에서 이런 말은 나오지 않는다는 확신이 있습니까? 설마 창문도 없고 환기도 안 되는 창고 같은 곳에 사람을 8시간씩 집어넣고 일을 시키는 건 아니겠지요?

천장과 바닥에서 음이온과 산소가 나오고 통창 밖으로는 한강이 유유히 펼쳐지는 초특급 시설을 바라는 건 아니에요. 적어도 일에만 전념할 수 있는 최소한의 환경은 갖췄는지를 점검해 봐야 한다는 것입니다.

한때 대기업들을 중심으로 사무공간 개선 열풍이 불었습니다. '스마트워크'라는 그럴싸한 명분으로 S 그룹은 공유 오피스를 한다더라, L 그룹은 자율 좌석제를 한다더라, H 그룹은 집중 근무실을 만들었다더라, N 그룹은 신사옥을 짓는다더라...등등 뉴스가 끊이질 않았어요.

대다수 중소기업 직장인들은 그 열풍을 지켜보며 부러움과 박탈감을 동시에 느꼈을 겁니다.

그 효과를 체감하기도 전에 생각지도 못한 변수가 터졌어요. 무려 3년간 코로나라는 희대의 팬데믹이 온 나라를 덮치면서 재택근무라는 새로운 형태의 일하는 방식이 확산됐어요. '이게 될까?' 싶었던 회사 밖 업무방식이 의외로 잘 먹혔죠.

이때 직장인들은 이렇게도 일이 되는구나 하는 것을 알아 버렸습니다. 그 과정에서 자리만 지킬 뿐 별다른 역량도 딱히 쓸모도 없는 고인물들의 민낯도 수면 위로 드러났죠. 어디에서 일하든, 어떻게 일하든 결과만 내면 그만이라는 ROWE **Result Only Working Environment** 업무 방식의 가능성이 여기저기에서 타진되었어요.

미래학자나 경영학자, 자기계발 강연자들은 앞으로 다시는 기존의 업무 방식으로 돌아가지 못할 것이라며 호언장담했죠. 그 예측을 비웃기라도 하듯 코로나가 종료되고 상당 부분 원상태로 돌아갔어요.

문제는 그렇게 슬금슬금 회사로, 사무실로 복귀하게 된 직장인들의 업무 만족도가 썩 좋지 못하다는 데 있어요. 이미 재택근무라는 새로운 근무형태를 접하며 일의 집중도와 효율이 언제 어디서 어떻게 최적화되는지, 환경의 중요성에 대한 진실을 알아버렸기 때문이에요.

무엇보다 아침저녁 끔찍한 출퇴근에 시달리고, 꼴 보기 싫은 사람을 마주해야 하고, 불편한 회식 자리를 강요받는 등 인간관계의 스트레스가 만연한 '전쟁터'로 다시 돌아간다니, 호텔급 시설을 자랑한다 한들 무슨 소용일까요?

주목해야 할 점은 이미 재택근무의 장점과 효용성을 체감한 다수의 직장인들에게 대면근무의 단점이 보이기 시작했다는 겁니다. 이를테면 지나친 수직적 구조, 무의미한 관행 따위의 폐해 말입니다. '원래 그런가 보다' 하며 묻어 넘겼던 일들이 '어? 이거 아닌 거 같은데?' 하며 다시 돌아보게 됐다는 건 큰 의미를 가집니다.

거점 오피스를 만들고 공유 오피스를 따로 두어 구성원들의 접근성을 높이고, 자율좌석제를 도입하고, 휴게 공간을 확충하는 물리적 환경 개선 노력 자체는 물론 반가운 소식입니다. 하지만 문제는 그뿐이라는 거예요. 대대적인 환경개선을 추진했던 기업의 관련자들은 일과 환경이 어떻게 상호작용하는지 그 메커니즘을 알긴 할까요? 그럼 왜 그렇게 하는 걸까요? 이러한 방식이 실질적으로 구성원들이 일하는 데 어떤 도움이 되는지 등 가장 기본적이면서도 본질적인 질문을 하지 않을 수 없습니다.

보여주기식 쇼잉에 그쳐선 곤란합니다.

요란했던 기업들의 사무공간 개선 열풍이 찻잔 속 태풍에 그친 첫 번째 이유는 그저 보여주기 식으로 일관했기 때문이에요. 마치 과시하듯 큰돈을 들여 멋들어지게 사무환경을 꾸미는 일이 혁신의 전부인 것으로 착각한 건 아닐까요? 구성원들의 일하는 스타일, 소통 방식, 업무 처리 프로세스, 관계의 메커니즘 등 본질을 깊이 있게 들여다본 후 맞춤형 환경을 조성하겠다는 진정성에서 시작된 것이 아니라 그저 구글이나 애플, 메타 등 빅테크 기업들의 그것을 모방해 '우리도 이렇게 한다'라는 걸 보여주는 쇼잉에서 비롯된 광풍이었을 가능성 말이죠.

그 결과 실제 일하는 사람들의 반응은 반으로 갈렸어요. 공유 오피스, 자율 좌석제, 자율근무제 등 일하는 환경의 혁신에 열광하는 사람들도 있었지만, 새롭게 변경된 방식이 자신의 성향과 맞지 않아 적응하지 못하는 사람들도 생겼죠. 특히나 개인성향이 강한 사람들은 프라이버시를 침해당해 오히려 일의 몰입에 방해가 된다며 불편함을 호소했어요. 실제 일부 기업의 자율좌석제는 사실상 고정좌석제로 회귀하면서 애초의 취지를 상실하기도 했습니다.

『딥워크』[3)]의 저자 칼 뉴포트 Cal Newport 는

"업무 공간을 여러 동료와 함께 쓰면 너무 산만해져 진지한 생각을 할 수 없다"

---

3) 김태훈(번역), 민음사, 2017

라며 개방형 사무공간의 문제점을 지적했습니다.

이는 단순히 파티션을 없애고 투명한 미팅룸을 만들고 여기저기 인테리어를 멋들어지게 조성하는 일만으로는 조직의 케케묵은 소통과 관계의 문제들이 일거에 해결되지 않는다는 말입니다.

회사의 업무 공간은 확산과 수렴이 모두 원활하게 일어날 수 있어야 합니다. 조직 내에 관계와 소통체계가 만들어지고 유지되는 물리적, 심리적 환경의 메커니즘을 이해하지도 못한 채 그저 겉모습만 흉내 내왔으니 본질은 사라지고 부작용만 남을 수밖에요.

기업들의 보여주기식 뜯어고침이 횡행했던 또 다른 이유는 이것이 누군가의 '실적'이 되기 때문입니다. '조직문화 혁신'이라는 KPI의 확실한 성공 지표로 이만한 치적이 또 있을까요? 마치 연말만 되면 멀쩡한 도로를 파헤쳐 새 보도블록으로 교체하는 지자체의 전시행정처럼, '이거 했다'라는 실적용으로 들이밀기에 손색이 없죠.

연말이 다가오면 느닷없이 사무실 환경 개선이랍시고 레이아웃을 뒤바꾸는 기업의 일도 같은 맥락입니다. 구성원의 의견이나 편의는 아랑곳 않고 연말 조직개편을 핑계로 멀쩡한 사무실을 뜯어내고 불필요한 공사를 강행하죠. 인테리어 업체들 역시 눈먼 돈 들어오는 일에 마다할 이유가 없습니다. 그렇다면 진짜 구성원들이 원하는 업무환경은 어떻게 만들 수 있을까요? 생각보다 간단합니다. 구성원들의 목소리를 들어보세요. 현장에 답이 있습니다. 환경개선 담당자라면 '어떻게 하면 구성원들이 쾌적한 환경에서 방해요인 없이 몰두할 수 있을까? 창의적 아이디어와 소통이 자연스럽게 발화될 수 있는 구조와 동선은 어떻게 만들어질까?'를 논의하고 고민하는 본질만 남겨두세요.

밥은 제대로 챙겨주세요

다 먹고 살자고 하는 일 아닌가요? 밥도 제대로 못 먹고 일할 때만큼 서러울 일도 없죠. JYP 엔터테인먼트에는 'JYP 밥(집밥)'이라는 구내식당이 있습니다. 맛도 맛이지만 재료 자체를 유기농 포함 좋은 것만 쓴다네요. 식대만 무려 20억 원이랍니다. 이와 관련된 JYP의 인터뷰가 무척 인상적입니다.

> "10대 연습생들도 와서 밥을 먹는데, 한창 잘 먹어야 할 때잖아요. 아직 정식 데뷔를 한 멤버는 아니지만 그래도 부모님들이 JYP를 믿고 맡겨주셨는데 잘 먹어야 되잖아요."

리버뷰에 음이온과 산소가 나오는 사무실, 특 1급 호텔 출신 주방장이 상주하는 구내식당까지는 바라지도 않아요. 그저 하루 8시간 이상, 가장 많은 시간을 보내야 하는 공간에서 기본적으로 먹고 숨 쉬고 대화하고 살아가는 일에 불편이 없는 정도만 돼도 훌륭해요. 최소 하루 밥값만큼은 서럽지 않게 챙겨주세요. 밥심이 든든하면 절반은 먹고 갑니다.

밥은 한마디로 기본적 환경에 대한 은유적 상징입니다.

문제는 그런 기본도 제대로 갖추지 못한 회사들이 수두룩하다는 데 있습니다. 커피 한 잔에 구질구질 손 떨지 않도록 마음 써주세요. 최소한 환기는 제대로 되는 사무공간에서 일하게 해주세요. 필요한 물품, 필요한 교육을 제때 충분히 제공받지 못해 멈추고 정체되는 일만큼은 없게 하세요. 내가 대우받고 싶은 만큼 우리 직원들을 대우해 주세요.

구성원 개인 역시 자신의 업무 스타일을 파악하고 언제 어디에서 어떻게 업무에 몰입할 수 있는지 명확한 기준과 의견을 가지고 있어야 합니다. 회사의 일방적인 결정으로 인해 자신만의 루틴이 깨지거나 업무 몰입에 방해가 된다면 결국 제 손해라는 사실을 알아야 해요. 때로는 목소리를 내어 이런 변화가 초래할 결과는 무엇인지, 왜 업무 몰입을 방해하는지, 팀 전체의 팀십이 어떻게 와해되는지에 대해 근거를 들어 의견을 제시할 수 있어야 합니다.

겉만 번지르르 쇼잉하려는 시도도 문제지만 최소한의 비용으로 최대치를 뽑아먹겠다는 경영진의 음흉한 사심이야말로 만악의 근원이에요. 최소한의 기본적 환경도 갖춰주지 않은 채 구성원의 마인드, 스피릿 타령만 하는 불량 기업들의 미래는 안 봐도 뻔합니다.

| M_Q4 |

지금 맡은 일은 내 전문성과 흥미에 부합한다.
내적동기 1 일

"일은 재밌어요?"

누군가 묻는다면 직장인의 대다수는 이렇게 답할 겁니다.

"일을 재미로 합니까? 먹고 살려면 그냥 하는 거죠."

직장인인 우리는 하루 8시간, 주 40시간, 한 달이면 209시간, 1년이면 2400시간 동안 '일'이란 걸 합니다. 이마저도 출퇴근 시간, 야근 등 이래저래 낭비되는 시간을 제외한 최소한이죠. 평균적으로 20대 중후반에 입사해 50대 중후반까지, 인생 황금기 가운데 토막 30여 년을 고스란히 쏟아부어야 하는 게 바로 '일'입니다.

이쯤 되면 '일은 먹고살기 위해 견디면서 하는 것'이라는 전제가 끔찍해집니다. 이왕 하는 일 재밌게 하면 안 될까요? 거기에 적성에도 맞고 의미까지 갖춘다면 더할 나위 없을 텐데 왜 막상 현실에서 하는 일은 마지못해 꾸역꾸역 처리해야 하는 짐 같을까요?

누구나 각자에게 맞는 옷이 있어요. 무엇보다 제 스타일에 맞고 사이즈에도 꼭 맞는 옷을 까다롭게 따져서 사 입죠. 그건 상식이에요. 좋아하는 스타일도 아니고 심지어 사이즈 마저 맞지 않는 옷을 제 돈 주고 직접 사 입는 경우는 없어요.

그런데 왜 인생의 대부분을 차지하는 '일'에 있어서는 취향은 커녕 하기 싫어도 해내야 한다는 억지를 별다른 의심 없이 받아들여야 하는 걸까요? 뭔가 이상하지 않습니까?

사실 변호사, 의사, 회계사 등 이른바 전문직들을 제외하면 일반 회사원들의 경우 직무 전문성을 갖추기란 쉽지 않습니다. 회사일 자체가 그래요. 물론 IT 기반의 스타트업들의 경우 코딩 프로그래머, AI 엔지니어, 빅데이터, UX디자이너 등 전문가 중심의 기업조직이 늘어나고는 있지만, 여전히 대다수의 레거시 기업들은 일반적 직무에 기반해 조직화되어 있죠. 마케팅, 기획, 인사, 재무회계, 영업 같은 이른바 화이트칼라 사무계열의 직종은 업무스킬이 숙련 단계에 이르면 누구나 일정한 성과를 낼 수 있는 일들로 이루어져 있어요.

사실 이는 회사만의 문제는 아닙니다. 직장인 개개인 역시 내가 뭘 하고 싶은지, 뭘 잘하는지 잘 몰라요. 그렇게 교육받고 자랐거든요. 내 욕망, 욕구, 꿈을 말하고 이루는 일보다는 점수 맞춰 대학에 가고 스펙 열심히 쌓아서 어디든 들어가고 보자 하는 식으로 살아왔거든요. '일은 그저 먹고살기 위해 견디며 해야 하는 것'이라는 믿음은 어쩌면 사회 전체가 만들어낸 합작품일지도 모르겠습니다. 마치 '닭이 먼저냐 달걀이 먼저냐' 하며 갈피를 잡지 못하는 것처럼 말이에요.

채용, 첫 단추부터 제대로

악순환의 고리를 끊으려면 첫 단추부터 잘 꿰야 합니다. 처음부터 잘 뽑으세요. 애초에 해당 직무에 적합한 사람을 뽑아서 '전략적'으로 배치하는 과정에 온 힘을 기울여야 합니다.

우리 사회에 '학벌'중심 엘리트주의는 마치 종교와도 같죠. 최근 들어 블라인드 채용, 열린 채용 등이 트렌드가 되며 학벌, 스펙 위주의 인재선발이 많이 사라졌다고는 하지만, 여전히 대학이름을 기준으로 줄을 세우고 서류를 필터링하는 기업들은 수두룩하죠.

'좋은 대학 출신은 일도 잘한다'는 무조건적인 믿음은 사실 위험해요. 물론 이들 엘리트들은 높은 IQ와 특유의 성실성, 집중력, 정답을 빠른 시간에 찾아내는 능력으로 사회 곳곳의 발전에 큰 역할을 했어요. 특히 생산성과 효율성을 앞세운 제조업 중심의 비즈니스 환경에서 그 조합은 찰떡궁합에 가까웠죠. 그들이 양적 성장의 시대에 기여한 공로는 부인할 수 없죠.

문제는 세상이 변했다는 거예요. 근면성실을 미덕으로 한 노동집약적 성장 사회가 끝나고 다양성과 창의성이 최고의 가치인 지식산업사회로 환경이 완전히 바뀌었습니다. 더 이상 이미 정해진 답을 빨리 찾아내는 수준으로는 시대를 앞서갈 수 없어요.

AI니 플랫폼 비즈니스니 빅데이터니 하며 이전에는 한 번도 상상해보지 못했던 새로운 생태계가 만들어졌어요. 이런 시대에 내가 살고 싶은 세상을 상상하고 그것을 이루기 위해서는 무엇이 필요할까? 질문을 던지는 사람, 이전에 없던 것을 만들어내고 실패를 두려워하지 않으며 도전하는 사람, 그러기 위해 다른 사람들은 무엇을 원하는지 충분히 공감하고 이해할 수 있는 사람이야말로 시대가 필요로 하는 새로운 엘리트의 모습이에요. 이런 시대에 내 일이 적성에 맞지 않고 즐겁지 않으면 뭔가 이상한 거예요. 새로운 성과는커녕 있는 걸 유지하기도 힘들어요.

채용 시점부터 현업에 배치할 때까지 이 친구가 뭘 좋아하고 잘할 수 있는지 면밀히 검토해야 합니다. 회사의 필요도 중요하지만 되도록 각 개인의 관심사와 일치하는 업무를 위주로 맡기세요. 기존 검증 시스템을 완전히 버리라는 말도 아닙니다. 이성지능, 학벌도 여전히 중요해요. 단 학벌이 좋다고 일도 잘할 것이라는 묻지마식 믿음은 위험하다는 말입니다.

최악은 개인적 호불호에 따른 '감'으로 배치하는 겁니다. 인상 좋은데? 내 스타일인데? 이런 식으로 팀원을 요청하는 리더는 의외로 많습니다. 우리는 소개팅하러 회사에 나온 게 아니잖아요.

> **일이 재미없어지는 두 번째 이유는
> 바로 사내정치 때문입니다.**

회사에서 승승장구하는 사람들은 직무 전문성이 뛰어난 사람이라기보다 사내정치에 능한 사람인 경우가 더 많죠. 일은 좀 못해도 눈치 빠르고 상사의 의중을 기가 막히게 캐치해 내는 사람들이 대우받습니다. 거기에 학연, 지연 등이 엮여 있다면 최선을 다해 끌어주고 밀어주는데, 보고 있자면 눈물겨울 지경이에요.

'회사는 자아실현하는 곳이 아니다'라는 조언이 대단한 지혜인 마냥 통용되는 조직이라면, 너무 뛰어나서 혼자 눈에 띄는 사람보다 기가 막히게 권력자의 곁에서 비위를 맞추는 사람이 더 우대받을 확률이 높아요. 이런 회사의 진짜 실력은 어떤 수준일까요?

그런 경험적 증거들이 하나 둘 쌓이면 결국 '회사 일이 다 거기서 거기지'라는 체념성 고정관념이 두터워지고 급기야 이런 분위기가 회사 전체로 확산됩니다. 직무 전문성, 역량 개발이라는 본질은 간데없고 '누구의 사람인가? 누구와 친한가?' 따위에 열을 올리는 조직 분위기가 고착화됩니다.

오늘날 우리 회사에서 '일이 재미없고 의미 없어진' 이유예요.

그 유명한 스티브 잡스 Steve Jobs 는 이렇게 말했어요.

> "일은 당신의 삶에서 매우 커다란 부분이며 일에서 진정 만족을 얻을 수 있는 유일한 방법은 당신이 멋지다고 생각하는 일을 하는 것입니다. 아직 그런 일을 찾지 못했다면 계속 찾아보세요. 주저앉지 마세요. 당신이 찾던 일을 발견하면 당신의 마음이 먼저 알아차릴 것입니다."

우리에겐 스티브 잡스 같은 리더도 없고 무엇보다 우리는 애플이 아니지만, 더 이상 그런 식으로 사람을 뽑고 배치하고 활용해서는 안 된다는 사실 정도는 이제 알아야 합니다.

일은 재밌어야 합니다.

물론 회사는 동호회가 아닙니다. 하지만 사람을 쥐어짜 성과를 내는 기름 공장은 더더욱 아니죠. 일을 누가 합니까? 사람이 하죠. 이왕이면 재미를 느끼고 적성에 맞는 일을 하는 사람이 많을수록 조직 전체의 성과는 좋아질 수밖에 없어요.

허울좋은 학벌과 차가운 숫자로 도배된 스펙보다는 내가 하고 싶은 일을 하겠다는 욕망에 충실하고, 그것을 달성하기 위해 자발적으로 묵묵히 노력하며, 실패해도 웃음을 머금고 다시 일어설 수 있는 사람들이 조직의 중심으로 나설 때가 됐어요.

누구나 적성이 있고 제 적성에 맞는 일 또한 분명 있어요. 일은 놀이가 아니지만, 분명 즐기며 할 수 있는 나만의 분야가 있습니다. 숫자가 약한 사람에게 인건비, 관리/회계 업무를 맡겨보세요.

"회사에서 시키면 다 하는 거지, 못하는 일이 어딨어?"

물론 어찌어찌 되긴 하겠죠. 싫어도 참고 배워서 시간이 흐르면 숙련 수준에는 이르겠지만, 결코 최고 수준에는 이를 수 없어요. 애초에 적성에도 맞고 잘하는 분야가 있을 텐데, 굳이 하기도 싫고 잘하지도 못하며 재미도 없어 하는 일을 꾸역꾸역 맡기는 이유는 뭔가요?

앞서 언급했듯 전문직들에 비해 일반 회사원들은 직무 전문성을 압도적으로 갖추기 어려운 환경에서 일합니다. 회사원이라는 직업을 선택한 순간부터 one of them으로 '그저 가늘고 길게만 가자'라는 마음가짐을 무의식 깊은 곳에 품었을 여지도 매우 크죠.

첫 단추를 그렇게 꿰었다면 그 안에서 5년, 10년, 20년을 일해 본들 크게 변할 것은 없어요. 결국 그 어떤 영역에서도 전문가 혹은 1인자라는 타이틀을 얻지 못하고 특색 없는 회사원으로 커리어를 마감할 가능성은 매우 큽니다.

한동안 MBTI 열풍이 불었는데요. 그 신뢰성이나 유효성 논란과는 상관없이 저는 이 열풍을 꽤 긍정적으로 보고 있어요. 나와 상대를 제대로 알기 위한 전초 작업으로써 꽤 큰 의미를 가지기 때문이에요. 어떤 툴이든 일단 나를 알고자 하는 노력 그 자체로 가치가 있어요. '나는 뭘 좋아하고 어떤 일을 할 때 즐겁고 행복한가?'라는 본질적 질문에 눈을 뜨게 할 수 있다면 고무적이죠.

분명 개인마다 자신이 잘하는 영역이 있고 상대적으로 편한 업무가 있게 마련이에요. 잘하는 것을 더 잘하게 하는 강점강화가 약점을 힘들게 고쳐서 그저 평범한 수준으로 만드는 일보다 백배 낫습니다. 잘하지도 못하고 불편한 일을 정신력으로 극복하고 연습하면 다 된다는 식의 억지를 부려선 답이 없어요. 이왕 하는 일, 그 안에서 최고의 퍼포먼스를 내는 게 좋겠죠? 그러려면 잘하는 일이 무엇인지 알아내는 게 먼저입니다.

회사는 배틀필드 **Battle field**가 아니라 플레이 그라운드 **Play Ground**가 되어야 마땅하고 우리는 워리어 **Warrior**가 아니라 플레이어 **Player**가 될 때 더 생산적이 될 수 있어요. 잘 노는 사람이 일도 잘하는 법이죠.

| M_Q5 |

나는 현재 일을 통해 성취감을 얻고 성장하고 있다.
내적동기 2 성취와 성장

5호선 군자역에 가면 이✕만두라는 만두 가게가 있어요. 노란 간판에 '고기만두' '김치만두' 딱 두 가지 메뉴만 적힌 5평 남짓한 작은 가게인데, 늘 대기줄이 늘어서 있어요. 하루 이틀이겠거니 대수롭지 않게 여겼는데 웬걸, 수년째 같은 모양이에요. 맛집으로 입소문이 꽤 난 가게인 것 같습니다.

실제로 사 먹어본 적은 없어요. 블로거들의 리뷰를 보면 만두가 손바닥만한 게 여타 만두와는 보기부터 달라 보이긴 하더군요. 맛이란 주관적일 수밖에 없지만, 개업 후 수년이 지난 지금도 변함없이 사람들을 줄 세우고 있다면 다른 만둣집과는 다른 이 집만의 비책이 분명 있을 거예요. 사실 대중이 얼마나 영악합니까? 어딘가 맛집으로 소문이 나면 호기심에 일단 줄을 서 보긴 하는데, 막상 먹어보니 그 정도는 아닌데? 하는 생각이 들면 두 번 다시 찾지 않아요. 잠깐 반짝했던 핫플레이스들이 여차하면 순식간에 사라지는 이유죠.

아마도, 이X만두의 사장님은 만두에 미친 사람일 겁니다. 전국 방방곡곡 만두 맛집이란 맛집은 다 돌아다니며 맛을 보고 재료들을 속속들이 파헤쳐 풍부한 육즙과 독특한 식감과 언제 먹어도 한결같은 맛을 지닌 최고의 만두소 레시피를 개발하기 위해 무수한 밤을 지새웠을 테죠.

속이 훤히 보일 정도로 얇으면서도 터지지 않고 쫄깃함을 유지하는 만두피를 만들기 위해 이렇게도 쪄보고 저렇게도 밀어보고 했을 거예요. 그렇게 완성된 만두소와 만두피로 정성스레 만두를 빚고 쪄냈을 겁니다. 그렇게 팔려나간 만두는 별다른 광고도 없이 실제 소비자들의 입소문을 더해 지나가는 이들의 발길을 붙잡아 하나 둘 가게 앞에 줄을 세웠을 테죠. 그리하여 만두에 관한 한 '내가 최고'라는 자부심이 생겼을 것이고 그 일 자체가 재미졌을 겁니다.

언젠가 '먹고사니즘'이라는 밈 Meme이 유행했어요. 먹고살기 바빠 최소한의 일만으로도 번아웃이 와서 성취감이니 성장이니 그런 달달한 것에 빠질 이유도 겨를도 없다는 의미인 것 같더라고요. 그저 주어진 일을 하루하루 쳐내기 바쁜 루틴, 즉 영양가 없는 삶에 대한 푸념이었을 겁니다. 아이러니하게 그런 태도는 직장인의 성장을 멈추게 하고 삶을 더 무료하고 고단하게 만들었어요.

'장인'이라는 단어는 요즘 같은 시대에 무척 귀합니다. 그래서 더 빛이 납니다. 만두장인 역시 마찬가지예요. 만두라는 영역이 있고 그 안에서 내가 최고라는 자부심을 얻을 수만 있다면 이는 즉시 내 정체성과 연결될 테죠.

내가 파는 만두는 당연히 내가 만들어야 하죠. 누가 만들어주는 것을 내 것으로 포장해서 파는 일은 내 정체성을 해치고 자존감을 짓밟는 일이 됩니다. 누가 시키지도 않았는데 전국 방방곡곡을 돌며 맛집을 찾고 재료를 연구하는 집념, 밤을 새워가며 레시피를 만드는 열정은 그렇게 생기고 또 유지됩니다.

내가 하는 일이 만두 빚는 일이라면 나는 어떤 만두 가게에서 어떤 만두를 팔고 있는 것일까요? 이✕만두처럼 일하고 있을까요? 아니면 공장에서 떼다 파는 전형적인 만두 가게 사장처럼 일하고 있을까요? 그것도 아니라면 대기업 계열인 비비고 만두처럼 일하고 있을까요? 질문이 꼬리에 꼬리를 뭅니다.

그저 먹고 살기 위한 일이 되어선 곤란합니다.

'일'은 그 자체로 재미와 의미를 가질 뿐 아니라,
과정과 결과를 통해 성취감과 성장을 꾀하는
선순환의 고리, 그 시작점이 되어야 합니다.

부캐? 주캐는 있고?

한때 예능판을 중심으로 부캐(부캐릭터) 열풍이 거셌죠. 직장인들 역시 자신의 부캐를 찾겠다며 한동안 시끄러웠어요. 그런데 어쩐 일인지 직장에서의 부캐 열풍은 금세 시들해졌어요. 평범한 직장인들은 내 주캐가 뭔지조차 제대로 몰랐거든요.

유재석이야 자타가 공인하는 탑 MC라는 주캐가 명확했지만, S 그룹 인사팀 L 차장은 주캐랄 게 없어요. 그런 사람은 대충 따져봐도 3십7만 5천 명은 넘을 테니까요.

누군가 "무슨 일 하세요?"라고 물었을 때 "그냥 회사 다닙니다"라는 말 외에 딱히 나를 설명할 수 없다면 맞아요. 내 주캐가 딱히 없는 겁니다. 주캐릭터가 없다는 말은 확고한 내 전문분야가 없다는 의미예요. 이걸 좋게 포장하면 제너럴리스트쯤 될 텐데 사실 말이 좋아 제너럴리스트지 이 일 저 일 제대로 하는 건 하나 없는 어정쩡한 상태라는 뜻이기도 해요.

물론 회사의 모든 구성원이 주캐를 특정하고 그 역할 하나만을 특화시켜 일할 수는 없어요. 특히나 일반 사무직의 경우 요구되는 직무 전문성의 수준도 생각보다 낮죠. 그저 윗사람을 설득할 정도면 충분해요. 역량이 조금 부족해도 관계라는 우회로가 있어 괜찮아요. 게다가 많은 회사가 3년 정도 일하면 다른 팀으로 옮기는 **Transform** 정책을 시행하죠. 구성원 스스로도 이직할 마음은 없고 이곳에서 커리어를 마무리하겠다는 결심, '가늘고 길게 버티기'로 마음먹었다면 제너럴리스트를 자처하기도 합니다.

문제는 별다른 목적의식 없이 양산된 제너럴리스트들은 차츰 매너리즘에 빠지기 쉽다는 데 있어요.

『딥워크』[4)]의 저자 칼 뉴포트 Cal Newport는 지적 노력이 필요하지 않고, 종종 다른 곳에 정신을 팔면서 수행하는 행정적 작업을 '피상적 작업'이라 분류했는데요. 이는 새로운 가치를 많이 창출하지 않으며 따라 하기도 쉽고 교묘하게 생산적인 느낌을 주지만 시간 대비 보상이 형편없는 무의미한 작업을 뜻해요.

제너럴리스트는 기껏해야 이런 피상적 작업을 주로 하면서 회사의 R&C(자원과 역량)를 무의미하게 갉아먹는 존재가 되기 십상이에요. 매일 현황 점검 회의를 하고, 엑셀 장표에 숫자를 집어넣고, 회의 참석 이메일을 보내고, 왜 참석하지 않느냐 독촉하고, 복사기를 점검하고, 목적을 명확히 알 수 없는 윗선의 오더를 수동적으로 처리하는 일. 어때요? 이런 일들로 점철된 하루 괜찮습니까?

입사한 지 얼마 안 된 주니어라면 주어진 일 외에도 이것저것 다양한 경험을 해봐도 괜찮아요. 깊이 파려면 먼저 넓게 파야 한다는 격언도 있잖아요. 이 시절 겪은 다양한 경험은 내 주캐를 결정하는 데 결정적 힌트를 얻을 수 있는 계기가 되기도 합니다.

---

4) 김태훈(번역), 민음사, 2017

다만 주니어 시절을 벗어나서도 내가 하는 일의 50% 이상이 피상적 업무라면 문제예요. 어떤 한 분야의 정점에 이르지 못하고 운과 관계라는 불확실성에 직장 생활이 좌우될 가능성이 높기 때문이에요. 이때 내세울 수 있는 강점이라고는 누군가에 대한 충성심, 무난한 성격, 적어도 실수는 하지 않는 숙련 정도죠. 자기를 드러내지 못하고 전문성에 이를 성장판이 닫혀 그 조직 내에서나 겨우 통할 '사회적 난쟁이'로 전락하고 마는 거예요.

제너럴리스트가 되고 싶다는 사람에게 굳이 스페셜리스트가 돼라 강요할 수는 없지만, 자신의 의지와 상관없이 분위기에 휩쓸려 그렇게 되었다면 유감이에요. 스페셜리스트든 제너럴리스트든 그 결정은 온전히 자신의 몫이어야 합니다. 만둣집을 하건 치킨집을 차리건 자기 마음이지만, 그 결정의 주체는 반드시 자기 자신이어야 합니다. 그 과정에서 주캐가 툭 하고 불거지거든요.

일을 잘하는지 못하는지 어떻게 알 수 있을까요?

주캐가 정해지고 그 일을 통해 성장하려면 자신의 역량이 무엇인지 알아야 합니다. 역량 competency 은 능력 ability 과는 조직 내에서 쓰임새가 달라요. 역량은 능력의 한 부분으로 볼 수 있지만 '어떤 분야의 일에 필요한'이라는 조건이 붙어 조금 더 집요하고 세부적이에요.

테니스 선수를 예로 들어보죠. 취미로 치는 테니스가 아닌 프로테니스 협회 ATP Association of Tennis Professionals 투어에 출전하는 프로 선수가 되려면 포어핸드와 백핸드, 발리와 서브 등 종목에 특화된 각 동작과 동작에 연결된 신체 작용을 구체적으로 나누어 훈련할 필요가 있어요. 세계 최고의 선수가 되기 위해서는 기본적인 동작을 익힌 후 각 동작을 구분해 강점과 약점을 분석해내고 강점을 강화할지 약점을 극복할지 전략적 판단을 먼저 내려야 해요. 이후 전문코치로부터 피드백을 받으며 일정 시간 이상의 의도적 연습을 꾸준히 소화하고 실전을 치르면서 폼과 퍼포먼스, 체력 등 모든 영역에서의 완결성을 추구해야 합니다. 단순히 뛰고 달리고 지치지 않아야 한다는 일반적 운동 능력의 정의만으로는 그 어떤 종목의 프로도 만들어내지 못해요.

회사에서의 일도 마찬가지예요. 학교도 좋고 학점도 높고 외국어 능력도 있으니 모든 일을 다 잘할 수 있겠지? 하며 일을 맡겼다간 낭패보기 십상이에요. 역량은 일반적이지 않고 구체적이에요. 전체적이지 않고 개인적이죠.

역량은 T.A.S.K로 구체화할 수 있습니다.

T는 재능 Talent 이에요. 어떤 일에 있어 이 사람이 역량이 있는지 살피려면 먼저 재능이 맞아떨어지는지를 체크해야 합니다. 가장

손쉬운 방법은 개인 면담을 하는 것입니다. 리더와 구성원의 1:1 미팅을 통해 본인의 적성과 재능이 무엇인지 들어야 합니다. 그다음은 진단 tool을 활용하는 방법이 있어요. 시중에는 직무 적성, 성향, 태도를 진단할 수 있는 검증 tool들이 수두룩해요. 무엇을 선택해야 하는가? 정답은 없어요. 마지막으로 면담과 진단 결과를 바탕으로 정말 그러한가? 꾸준히 관찰하고 기록하세요. 이 세 가지 방법을 통해 개인의 재능을 어느 정도 확인할 수 있어요.

A는 태도 **Attitude** 입니다. 수많은 현장의 리더들이 태도를 오해해요. 인간성, 예의범절, 자신에 대한 충성 정도로 말이죠. 물론 그런 관계성 역시 필요해요. 리더와 구성원 간 친분관계를 뜻하는 LMX **Leader Member eXchange** 이론에 따르면 리더와 구성원 간 개인적 친밀감을 형성 정도가 조직의 성과에 영향을 미친다는 사실을 명확히 하고 있으니 말이죠. 그러나 역량에서 말하는 태도는 관계, 친분에 국한되지 않아요. 무엇보다 '일' 그 자체에 초점을 맞춥니다. 문제의식을 가지고 임하는가? 열정이 있는가? 끝까지 책임지고 완수하는가? 등 그 일을 수행함에 있어 필요한 개인적 관점, 자세, 기질을 말해요.

리더는 팀과 일의 성격을 명확히 정의하고 그 일을 수행하는 데 필요한 구성원의 태도를 몇 가지 카테고리로 규정해 관찰하고 그 결과를 피드백에 활용해야 합니다.

S는 일의 숙련도 **Skill**를 말해요. 이 일을 하는 데 필요한 도구, 방법론을 얼마나 잘 다루는가의 문제예요. 스킬 향상은 비교적 간단해요. 실제로 많이 해보면 됩니다. OJT **on the job training**, 즉 일을 하면서 자연스레 숙련에 이른다면 더할 나위 없어요. 도제식 훈련이 가능한 멘토, 코치 역할의 선배가 있다면 금상첨화예요. 개인 역시 스킬을 연마하기 위해 필요한 시간을 투자해야 합니다. 문제는 그 과정이 비교적 심플한 데다 결과 역시 눈에 띄기 쉽다 보니 Skill이 역량의 전부인 것처럼 착각하는 사람도 많다는 데 있어요. Skill은 역량의 필요조건이지 충분조건은 아니라는 점을 잊지 말아야 합니다.

K는 지식 **Knowledge**이에요. 일과 관련된 이론, 이슈, 트렌드 등 모든 종류의 정보를 망라합니다. 지식 역시 스킬과 마찬가지로 역량의 중요한 요소이지만 충분조건은 아니에요. 인풋이 부족하면 양질의 아웃풋이 나올 수 없듯 스킬과 지식이 부족하면 일을 잘할 수 없지만, 스킬과 지식이 뛰어나다고 자동으로 일을 잘하게 되는 건 아니란 말이에요. 지식 습득 역시 개인의 노력이 무엇보다 중요합니다. 이 일을 잘하기 위해 갖춰야 할 지식은 무엇인지 끊임없이 탐구하고 트렌드를 좇을 수 있어야 해요. 회사는 구성원 개인이 일을 하는 데 필요한 지식을 습득할 수 있도록 효과적인 지원을 해야 합니다. 최소한의 필요 정보는 사내 시스템에서도 찾아볼 수 있도록 아카이브를 구축하고 러닝어카운트를 제공하

며 학습시간을 배려해 주는 등 회사 차원의 지원이 병행된다면 더욱 효과적입니다.

결국 '일을 잘한다'는 건 재능이 있는 사람이 일에 대해 올바른 태도를 가지고 스킬과 지식을 꾸준히 갖춰 나가는 것으로 정리해 볼 수 있어요.

일을 잘하기 위해서는 물론 개인의 노력도 필요합니다. 하지만 이것만으로는 충분하지 않습니다. 리더는 그 과정을 피드백해야 하며 회사는 시스템과 제도를 만들어 아낌없이 지원해야 합니다. 이러한 삼박자가 맞을 때 일을 통해 성취를 느끼고 성장하는 동기부여의 과정이 완성됩니다.

| M_Q6 |

내가 수행한 성과에 대해 적절한 인정을 받고 있다.

내적동기 3 피드백

#장면 하나. [미생 17화 中]

영업 2팀 고 대리는 주재원 발령 소식을 듣고 기뻐한다. 영업 3팀 김동식 대리는 이번에도 물먹었다. 상사의 꽃이라는 주재원 발령은 유능한 대리급들이 한 번씩 거쳐가는 필수 코스로 개인 역량은 물론 팀 끗발 또한 큰 영향을 미친다. 김동식 대리는 실적과는 거리가 먼 영업 3팀에 근무하는 탓인지 매번 찬밥 신세다. 대리들은 고 대리의 발령을 소재로 담배 타임을 가지며 3팀에 대한 험담을 한다.

"근데 김동식 걔는 이번에도 물먹었더라… 하여튼 오 차장은 일에 꽂히면 일 진행되는 것만 보느라 주변 사람 힘든 건 돌아보지도 않는 것 같아…"

"열라 갈궈도 실적 나오는 일 잘 따오는 상사가 좋은 거야."

"아유 그럼~ 자기도 좋고 나도 좋고 같이 승진하고 인센티브 나오고 그러니까 욕해도 사람들은 그런 팀을 원한다니까!"

정말 그럴까요? 불행히도 현실에서는 정말 그렇다는 사람들이 대부분이었어요. 비인간적 대우를 받던, 모욕을 당하건, 어떻게든 성과를 내서 위에 어필하고 평가 잘 받아 우리만 잘되면 그만이라는 고백들.

#장면 둘. [미생 17화 中]

우연찮게 대리들의 뒷담화를 직접 듣게 된 오상식 차장. 자신의 업무 스타일을 되돌아보게 된다. 정말 자신이 부하직원의 창창한 앞길을 막고 있는 것일까? 괴로워진다. 오 차장은 고민 끝에 김동식 대리를 옥상으로 불러내 이렇게 말한다.

"동식아. 팀... 바꿔줄까?"

"무슨 말씀이세요?"

"우리 팀... 힘들잖아."

"차장님, 저는 차장님 하고 일하는 게 좋아요. 그냥 그 뿐이에요. 그리고 제 일은 제가 알아서 할게요. 제가 팀 바꾸고 싶을 때 그때 제가 제대로 먼저 말씀드릴게요."

영업 3팀 구성원들은 비겁과 순응을 현실로 포장한 사람들과는 다릅니다. 충분히 아름답고 바람직하고 이상적인 모습이지만, 현실에 저런 팀장, 저런 대리가 어딨냐? 하는 체념성 실소가 터져 나오는 장면이기도 해요. 그러지 못해서 부럽기도 하고, 부럽다 못해 자신의 비겁함이 불편해진 수많은 김 차장, 이 대리들은 급기야 비난하기 시작합니다. "인간은 모두 제이익에 충실하고 결정적 손해 앞에서 인간적 정 따위 종이짝 만도 못하다!"라고요.

#장면 셋. [미생 17화 中]

영업 3팀은 연말이면 크리스마스 카드 겸 연하장을 손수 쓴다. '저 역시 사람 구실하며 살고 있습니다'라는 감사의 마음을 담아 손글씨를 쓰고 있던 장그래.

"장그래!"

"네 차장님."

오 차장은 장그래에게 연하장을 건네주며 말한다.

"첫 번째 메리크리스마스!"

"아, 감사합니다."

옥상에 올라가 펼쳐본 카드에는

> '더할 나위 없었다. yes!'
>
> 라고 쓰여 있다. 카드는 경쾌한 BGM과 함께 한 장의 나비가 되어 장그래의 과거로 현재로 그리고 미래로 날아간다.

의미를 꾹꾹 눌러 담은 부서장의 마음, 그 무엇과 바꿀 수 있을까요? 수백, 수천 연말 인센티브도 좋지만 내 편, 내 사람, 우리라는 '인정'이 주는 힘의 크기는 그보다 수백, 수천 배는 더 클지도 모릅니다.

여전히 '감사는 돈으로 표시하라'는 1차원적 가치를 좇는 사람도 많죠. 뭐 그것도 맞죠. 다다익선이라고 열심히 일한 보상으로 받는 인센티브는 많을수록 좋을 수밖에요. 팀 분위기, 인간미, 끈끈함으로 연결된 파트너십보다 '열라 갈궈도 실적 가져오는 팀장'이 더 좋은 사람들이 왜 없겠어요? 문제는 딱 거기까지란 거예요. 100만 원 더 받았다고 100만 원어치 일 더 해야지 하지는 않는단 말이에요.

언젠가는 알게 될 겁니다. 두둑한 금전 보상이 전부가 아니라는 사실을요.

속도가 초과됐는데 방향이 틀렸다고 하지 마세요.

학교 앞 도로 제한속도는 30km/h입니다. 대부분의 학교 앞 도로에는 실시간으로 지나다니는 차량의 속도가 찍히는 전광판이 설치되어 있어요. 혹 30을 넘지 않을까? 안팎으로 피드백이 실시간으로 이루어지는 셈입니다.

> 리더들이 피드백을 힘들어하는 이유는
> 구체적으로 무엇을 어떻게 피드백해야 할지
> 모르기 때문입니다.
> 피드백 전에는 뭔가 할 말도 많고
> 지적할 부분도 많다고 여겼는데
> 막상 불러서 앞에 앉혀놓고 보면
> 마치 백지장을 앞에 놓고 글을 쓸 때처럼
> 막연하고 할 말이 없어져요.

그저 "요즘 어때? 잘하고 있어?" 정도로 말문을 열 뿐, 어찌어찌 이어지는 그다음 말은 "맡고 있는 일 어떻게 되어 가?" 정도예요. "뭐 그럭저럭요" "잘 돼 갑니다"라고 하면 대화는 더 이상 이어지지 않아요. 우물쭈물 사적 대화로 빠지거나 급한 일을 처리해야 한다는 이유로 흐지부지 종료되기 일쑤죠.

어쩌다 일에 관한 직접 피드백으로 이어져도 엉뚱한 방향으로 흐르는 경우가 많아요. 속도를 이야기해야 하는데 뜬금없이 방향을 이야기하는 거죠. "30km가 초과되었으니 속도를 줄여야 한다"라고 콕 집어 말하지 못하고 "제대로 못하면 큰일 난다"라고 말하는 식이에요.

피드백이 산으로 가는 이유는 리더가 구성원의 일에 대해 정확히 모르기 때문입니다. 피드백 방법론에 대해 제대로 배우거나 고민한 경험도 별로 없어요. 스스로 피드백 자체를 불필요한 일이거나 번거로운 일 정도로 여겨 제대로 수행하려는 의지 자체도 없죠. 그저 일이란 연초 세워둔 일정대로 밀어붙이고 연말이 되면 계획 대비 달성이 되었는지 안됐는지 정도만 체크하면 된다고 생각합니다. 중간 점검이나 연중 피드백을 제도화해 놓아도 무용지물이 되는 이유는 현재 진행 중인 일에 매몰되어 피드백 절차가 제2, 제3순위로 밀려나기 때문이에요.

애초에 일의 목표를 설정할 때부터 의의와 목적은 대충 적어 넣고 기존에 하던 방식대로, 이전의 목표에서 얼마를 더 할 것인가? 정도로 과업들을 선정한 게 가장 큰 문제예요.

팀의 성과는 결코 우연히 달성되지 않습니다. 일의 시작과 중간, 끝을 꾸준히 점검하고 목표 달성을 가로막는 장해요인을 사전에 발견해 제거하는 것, 그리고 상황에 따라 방법론과 접근법을 변경하는 것 등의 디테일은 구체적인 피드백을 정기적으로 주고받지 않는 이상 확보될 수 없어요.

매주 시행하는 주간 회의나 업무 현황 보고로 디테일을 잡아내기에는 한계가 있죠. 담당자의 재량에 맡긴다는 말 역시 어불성설입니다. 사실상 방치와 다를 바 없어요. 제아무리 주인의식을 가진 담당자라 할지라도 리더의 관심과 지원을 받지 못하는 일을 장기간 끌고 가기엔 무리가 있을 수밖에 없습니다. 탁월한 성과와 원활한 팀십은 구체적이고 효과적인 피드백의 상호작용을 통해 시작되고 마무리된다는 사실을 간과해서는 안 됩니다.

피드백, 4Re로 하세요.

- Require - 이 일이 무엇을 위한 것인지 그 목적과 의의를 구체화하고 기대치를 명확히 하세요.
- Response - 일의 목적성, 기대치에 대한 대상자의 반응을 확인하고 쌍방향으로 결정하세요.
- Result - 일의 결과를 구체화하기 위해 숫자, 눈에 보이는 결과물로 이미지화하고 공표하세요.
- Reward - 기대치에 충족하거나 초과하는 결과를 보였을 때는 이를 근거로 확실하게 보상하세요.

이 네 가지 단계를 따를 때 피드백은 비로소 구체적 과정이 됩니다. 피드백은 개인적인 사담을 나누고 "열심히 하라"며 어깨를 두드리며 마무리하는 가벼운 일이 아니에요.

누구나 인정과 칭찬이 중요하다는 사실 정도는 압니다. 다만 그 인식에 비해 실제 현장에서 그 실효성은 상당히 떨어져요. 금전적 방식이 뒤따라야 한다고 믿기 때문이에요. 어떻게 인정하고 칭찬해야 하는지 How to를 모르기 때문이기도 합니다.

인간은 다양성이 표준이에요. 애초에 모두에게 들어맞는 일반적 방법론은 있을 수 없어요. 인정과 칭찬 역시 누구에게나 다 통할법한 1차원적 수준의 뻔한 방법으로는 효과를 보지 못합니다.

가령, A 대리는 내향형에 안정지향적인 사람입니다. A 대리에게 도전적인 목표를 세우고 실패도 두려워하지 말라고 주문하면 동기부여는커녕 스트레스를 받아요. 어쩌다 그런 일을 맡아 성과를 냈더라도 온전히 자기의 것으로 여기지 않는 거예요.

회사 내에서 가장 일반적인 인정과 칭찬은 연말 인센티브나 평가, 승진이죠. 공식적인 제도하에 이루어지는 과정인 만큼 필수적이고 일정 부분 효과를 기대할 수 있지만 의미 있고 개인화된 보상이라기엔 부족함이 많아요.

조금만 생각해보면 팀 차원에서 개인화한 보상을 실천할 방법은 많아요. 팀 리더와 팀원으로서 서로에 대한 애정과 교감, 진정성만 있으면 가능한 일입니다. 리더는 연말 소소한 팀 보상을 염두에 두고 비용을 따로 마련해 두세요. 회식비 한두 번 아끼거나 접대비 중 얼마씩 모아두세요. 연말이 되면 각 팀원들을 돌아보며 무엇을 잘했는지 생각하고 거기에 맞는 상품을 구입해 시상을 하는 겁니다.

이를테면 경청을 잘한 박 대리에겐 'Bose헤드폰'을 준비해 '경청상'으로 선물하세요. '중간 관리자로서 주니어들의 이야기를 잘 들어 보스로서 자질이 있다'라는 한마디만 붙이면 됩니다.

팀에서 가장 열심히 발품을 팔고 허드렛일도 마다하지 않은 김 사원에게는 '나이키 운동화'를 선물하고 'Just do it 상'이라며 전달하세요. 그 상품이 얼마짜리인지는 중요하지 않아요. 비싸야 10만 원 정도인 이 선물이야말로 수백만 원의 인센티브보다 오래 기억에 남을 겁니다.

구성원들을 진정성 있게 관찰해 잘한 점과 부족한 점을 세세하게 기억하고 이를 바탕으로 칭찬과 인정, 합리적 비판과 개선점을 제안합시다. 구성원들은 그 진정성을 받아들여 스스로와 팀 전체의 발전을 위한 성장의 동력으로 삼을 것입니다.

SELF-AWARE-NESS

SOCIAL RELATION-SHIPS

Emotion

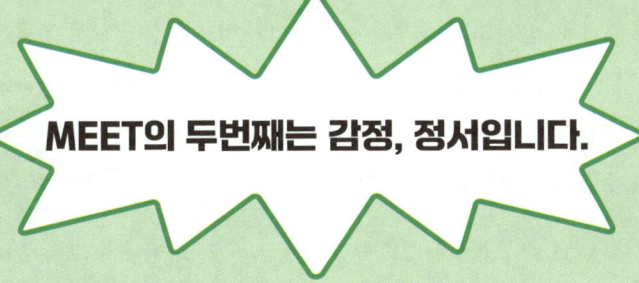

MEET의 두번째는 감정, 정서입니다.

크게 자기인식과 자기관리로 구분하고
아래와 같은 문항들로 이루어집니다.

자기인식

- **E1.** 일상 업무나 대인관계에서 나 자신의 강점과 약점을 명확히 이해하고 있다.
- **E2.** 나는 평소의 내 감정(즐거움, 놀라움, 분노, 슬픔, 두려움, 역겨움)상태를 잘 파악한다.
- **E3.** 나는 마음의 상처를 받아도 곧잘 이겨내고 털어내는 편이다.

사회관계

- **E4.** 일상 업무나 대인관계에서 타인의 입장과 감정을 잘 파악하는 편이다.
- **E5.** 기대만큼 일이 풀리지 않을 땐, 환경이나 타인에 원인이 있다고 느낀 적이 많다.
- **E6.** 일을 하다 보면 갈등은 자연스러운 일이며, 대화를 통해 풀 수 있다고 생각한다.

H 대기업 팀장 워크숍에서 있었던 일입니다.

"팀장님은 감정적인 사람이군요. 누군가 팀장님께 이렇게 말했다면 어떤 생각이 드세요?"

머리가 희끗희끗한 50대 중반의 남자 팀장 A를 지명해 이렇게 물었어요. 순간 A의 상체가 움찔하더니 이내 책상 앞으로 기울더군요. 두 팔을 책상에 직각으로 세워 깍지를 낀 상태로 턱을 괴고 잠시 생각하는 듯하더니 이내 미간에 주름이 잡히고 광대뼈에 홍조가 돌기 시작했어요.

"글쎄요. 맥락을 따져봐야겠지만, 누군가 다짜고짜 그렇게 말한다면 좀 불쾌한데요?"

"이유는요?"

"보통, 우리가 타인에게 감정적이라는 말을 쓸 때는 이성적이지 못하다던지, 감정 관리를 못한다던지 그럴 때이지 않나요?"

"이성적이지 않고 감정관리를 못한다는 뜻이기 때문이다? 좋습니다. 그렇다면 다시 질문을 드리지요."

"팀장님은 이성적인 사람이군요. 이렇게 말했다면 어떠신가요?"

"반대의 이유로 나쁘지 않네요. 스마트하고 냉철한 사람이라는 뜻일 테니까요. 회사는 그런 사람을 유능하다고 생각하니까요."

"다른 팀장님들께서도 같은 생각이신가요?"

40여 명 남짓의 참석자 대다수가 고개를 끄덕였어요. 이를 주제로 진행된 추가 토론에서도 감정에 휘둘리지 않는 이성적인 사람이야말로 회사 경영에 적합한 엘리트라는 인식을 갖고 있음을 알 수 있었어요. 총 4차수, 약 160여 명에 이르는 팀장 집단의 생각은 크게 다르지 않았지요.

"나는 공돌이라 감성, 미적 감각 뭐 이런 거에는 쥐약인 사람이야."

한때 모셨던 CEO는 평소에 이런 말을 자주했어요. 감성적이지 못해 부끄럽거나 안타깝다는 감정보다는 외려 그 결여가 자랑(?)스럽다는 뉘앙스가 짙게 깔려 있었죠. 명문대 공대 출신이면서 감정 따위에 흔들리지 않는 스마트하고 이성적인 엘리트 경영자라는 은근한 자기과시가 엿보였어요. 최고 경영자로서 별로 치명적으로 보이지 않는 '감성 결여'라는 단점을 스스로 드러냄으로써 자기를 낮추는 이중적인 의도도 숨어있었을 거예요.

이견의 여지가 없을 만큼 압도적인 이성지능 중심의 사회, 이쯤 되니 두 가지 궁금증이 생기더군요.

| Emotion |

첫 번째, 극단적인 이성 중심 사고는 정말 경영에 도움이 될까?

하버드대학교 교육심리학과 교수이자 정신분석학자인 하워드 가드너 Howard Gardner 는 인간의 지능이 8가지 지능으로 구성된다는 '다중이론'을 제시했어요.

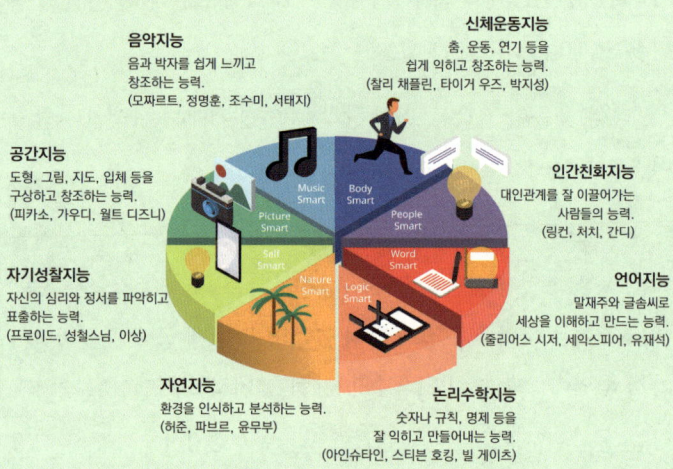

그중 언어, 논리수학 두 가지 지능이 바로 이성지능에 속해요. 우리에게 친숙한 IQ의 구성 요소이면서 오늘날 교육현장에서 가장 중시되는 이른바 '국영수＋과'를 일컫죠. 신체운동, 음악, 공간지능은 각각 체육, 음악, 미술이라는 예체능으로 분류되니 다중지능의 5가지 영역을 학교에서 교과목으로 다루고 있는 셈이에요.

이때 남은 세 가지 영역 중 자기성찰지능, 인간친화지능이 바로 '감성지능'입니다. 하워드 가드너는 감성지능이야말로 모든 지능의 우두머리라고 주장했어요.

EQ **Emotional Quotient, 감성지능** 이라는 용어를 대중화하는 데 큰 역할을 한 다니엘 골먼 **Daniel Goleman** 은 "CEO들은 높은 이성지능과 경영능력으로 고용되지만, 감성지능 부족으로 해고된다"라는 의미심장한 말을 남겼어요.

이쯤 되면 뭔가 잘못되고 있다는 생각이 슬슬 듭니다. 감성지능 결여를 부끄러워하기는커녕 자랑스럽게 여기는 경영진들이 현실 속에 수두룩하다는 현실을 이미 목도했기 때문이에요. 단순히 감정적이지 않다는 표면적 문제를 떠나, 어쩌면 자기 자신을 객관적으로 파악하지도 못하고 타인에 대한 공감능력 역시 현저히 떨어지는 '위험한' 자들이 리더 위치에서 전권을 행사하고 있다는 반증일 수 있으니 말이에요.

더 큰 문제는 이런 현상이 회사 조직에만 국한된 것이 아니라 사회적 현상이라는 점이에요. 학교는 오직 이성지능을 검증해서 높은 점수를 받고 좋은 대학에 가기 위한 경쟁의 장으로 전락한 지 오랩니다. 아이들은 친구들과 밖에서 뛰어놀며 우정을 쌓고 희생과 양보를 배우는 대신 서로를 죽이지 않으면 내가 죽는다는 살벌한 경쟁에 내몰려 있죠.

코넬 대학의 로버트 스턴버그 Robert J. Sternberg 는

"SAT로 누가 좋은 대학을 갈지, 나아가 누가 좋은 직장을 구할지 정해지지만, 그렇게 추린 사람은 기껏해야 상식이 없는 훌륭한 기술자일 뿐이에요"

라고 말했는데요. 문화와 상황 등 다양한 영역에서의 결정에 통합적으로 영향을 미치는 것은 감성지능뿐이라고 지적한 바 있어요.

리더십의 대부로 불리는 존 맥스웰 John Maxwell 또한

"리더십과 관련해서 감성지능만큼 중요한 능력도 드물다. 훈련과 컨설팅 조직인 탤런트 스마트는 1백만명 이상의 감성지능을 검사한 결과, 높은 성과를 내는 사람들의 90%가 감성지능이 높다는 사실을 발견했다"

라고 주장했죠.

치열한 입시 경쟁을 뚫고 대학에 입학하면 달라질까요? 드디어 나만의 꿈을 좇고, 먹고사는 1차원적 욕망을 넘어 더 고차원의 가치를 향해 정진하는 지성인으로서 배움이 가능해질까요? 그 답은 우리 모두가 이미 알고 있어요.

꿈은커녕 당장 취업에 급급해 스펙 쌓기에 여념이 없어요. 대학 생활은 좋은 직장을 찾기 위한 또 다른 경쟁의 장일 뿐이죠. 그 과정에서 그저 주어진 정보를 줄줄 외워 빠른 시간에 답을 찾아 맞추는 데 특화된 이들이 엘리트로 추앙받고 질문과 정의, 과정

의 중요성, 행복과 같은 더 고차원의 가치는 비웃음의 대상으로 전락했어요.

회사는 또 어떨까요? 크고 작은 우리 기업들은 '이익을 추구하는 조직'이라는 태생적 명분을 앞세워 인간성, 감성적 접근 따위 됐고 숫자, 데이터에 입각한 극단적 이성 중심 경영이 유일한 정답인 양 운영되어 왔어요. 이들이 원하는 엘리트 프로파일 역시 IQ 높고 공부 잘하는 소위 고스펙자로 굳어진 지 오래죠. 자연히 회사의 경영진과 리더 그룹 역시 하나같이 고스펙에 이성적이지만 인간미라고는 찾아볼 수 없는 사람들로 꽉꽉 채워졌죠.

물론 이들은 고도의 성장기를 거치는 동안 큰 기여를 했어요. '근면성실'을 미덕으로 생산성과 효율성이 최고의 가치였던 굴뚝 산업 사회에서 이미 검증된 정답을 외워 빨리 내놓는 능력은 유효했죠. 새로운 생태계와 기회를 만들어내지는 못해도 선도자가 만들어 놓은 레퍼런스를 빠르게 베껴 적어도 버금가는 수준으로 만드는 일에는 능했어요.

문제는 세상이 바뀌었다는 데 있어요. 지난 3년간의 팬데믹을 거치는 동안 완전 재택 근무와 같은 새로운 경험을 하면서 '이게 될까?' 싶었던 일들이 현실화 됐어요. '이렇게도 일이 되는구나! 아니 이렇게 해야 일이 되는구나'라는 진리를 깨닫게 됐어요.

AI 등 기술 혁신 또한 빼놓을 수 없죠. 새로운 기준, 질서, 상상력과 창의력이 요구되고 이전에 없던 그 무언가를 직접 만들어 선도하고 선점하지 않으면 살아남지 못하는, 이른바 뉴노멀의 시대가 도래했어요. 그 이전까지 별다른 의심 없이 통용되었던 기준, 정답, 가정이 모두 무용지물이 될 판이에요.

새로운 시대에 인재, 엘리트의 개념 역시 달라질 수밖에 없죠. 능력은 없으면서 자리만 차지하고 있던 고인물들의 민낯이 낱낱이 드러났습니다. 질문하고, 전에 없던 무언가를 연결하는 능력이 무엇보다 중요해졌어요. 그 중심에 이성지능이 아닌 감성지능이 있어요. 오늘날 우리 일터가 전쟁터가 된 것은 감성, 감정에 서투른 이성 중심의 엘리트들에게서 그 원인을 찾을 수 있는지도 모르겠습니다.

두 번째, 정말 감정을 배제한 이성적 사고와 판단이 가능하긴 한 걸까?

준합리적 경제이론 Quasi-rational economic theory 이라는 새로운 분야를 개척해 심리학자로서 노벨경제학상을 받은 대니얼 카너먼 Daniel Kahneman 은 인간의 판단이 반드시 합리적이지도 이성적이지도 않다는 사실을 수많은 실험을 통해 증명해 냈어요.

이를테면 맑은 날 이성의 전화번호를 딸 확률이 흐린 날 보다 두 배 이상 높다거나, 가석방 여부를 심사하는 법관들의 가석방 허용률이 점심식사 전과 후를 비교해 20~30% 이상 유의미한 차이를 보인다는 실험결과 등이 존재하는데요. 이를 통해 인간은 감정에 직간접적으로 영향을 주는 외부 요인으로 인해 의사결정이 달라진다는 사실을 증명했어요.

뇌과학자이자 감정 연구가인 리사 펠드먼 배럿 Lisa Feldman Barrett 역시 구성된 감정 이론 Theory of constructed emotion 을 통해 인간의 감정은 내외부 감각으로부터 전달되는 각종 감각을 재료로 대뇌의 감정 생성 메커니즘인 정동적 적소, 내수용 Interoception 신경망을 거쳐 만들어지고, 그렇게 생성된 감정 상태는 현재의 판단에 영향을 미친다는 사실을 밝혀냈어요.

리사는 감정에 영향을 받지 않는 이성적 의사결정이란 애초에 불가능하다고 단언했죠. 인간이 배우고 학습하는 일 자체가 과거 경험했던 상황을 종합해 감정 신호와 함께 장기기억에 담아두고 필요할 때 소급 적용하는 과정임을 감안하면, 현재의 판단에 반드시 과거의 감정이 끌려올 수밖에 없다고 설명합니다.

그럼에도 여전히 '나는 감정을 최대한 자제하고 합리적으로만 생각하는 사람이야'라는 생각을 고집하는 사람이 있다면 아집과 자기기만에 빠진 융통성 없는 인물일 가능성이 높아요. 백 번 양보해 기능적으로 그에 가까운 사람이 있다면 감정 자체를 이해하지 못하고 상대의 감정에도 이입을 하지 못하는 문제적 존재일 가능성을 염두에 두어야 합니다. 어쩌면 최초의 인간 AI가 탄생한 기적의 순간일지도 모르겠네요.

이제 '감정 없는 이성적 판단'이라는 기존의 믿음을 원점에서 다시 생각해봐야 할 때가 됐어요.

> 아리스토텔레스는
> "감정을 절제하는 목적은
> 균형이지 억압이 아니다"라고 말했어요.
> 감정을 주체하지 못하고 제 마음대로
> 발산하라는 게 아니라 제 감정을 제대로,
> 객관적으로 인식하고 표현하고
> 그에 맞게 행동하라는 의미예요.

이성지능이 필요 없거나 무가치하다는 말이 아니에요. 여전히 기업 현장에서 의사결정과정의 판단을 뒷받침할 숫자와 데이터, 이성지능은 중요하죠. 다만 그동안 지나치게 이성지능 중심으로 기울었던 엘리트의 사회적 정의와 역량 판단의 무게추를 감성 쪽으로 끌어와 균형을 맞춰야 할 때가 되었다는 겁니다.

'좋은 게 좋은 거'라며 그저 하하호호 웃고 떠드는 조직을 만들자는 말도 아닙니다. 오히려 그 반대죠. 평등한 인간으로서 서로를 존중하고 끈끈한 연대감 속에 칭찬할 것은 칭찬하고 아닌 것은 아니라고 말할 수 있는 건강한 조직을 만들자는 말입니다.

그 과정에서 좋은 분위기와 성과는 자연히 따라오는 부수적 요소일 뿐이에요. 무엇보다 '감정적'이라는 표현은 자신의 감정을 주체하지 못하고 표출한다는 부정의 의미가 아니라, 자신의 감정을 객관적으로 인식하고 적절하게 컨트롤할 줄 안다는 긍정의 의미로 쓰여야 옳습니다.

먼저 자기 자신에 대해서 잘 알아야 해요.

자기 인식 Self awareness 이야말로 모든 관계를 시작하는 첫 단추예요. 내가 완벽한 사람이 아니라는 객관적 인식, 내가 알고 있는 정보가 100% 사실이 아닐 수 있다는 경각심. 내 감정이 어떤지 알아볼 수 있는 메타인지가 중요합니다.

동시에 타인에게 감정이입을 할 줄 알아야 해요.

감정이입은 감성지능의 핵심이에요. 나에 대한 객관적 인식을 바탕으로 타인은 어떤가? 스스로에 적용해 시뮬레이션 해봄으로써 마치 내 경우처럼 이해하는 과정을 거치는 것이죠. 그 과정을 통해 바람직한 사회적 인식 Social awareness이 생성되고, 타인과의 관계를 어떻게 만들어 나갈 것인가? 하는 관계관리 Social network 에 대한 구체적 실행 방법을 생각해 볼 수 있어요.

|Em_Q1|

일상업무나 대인관계에서 나 자신의 강점과 약점을 명확히 이해하고 있다.
자기인식 1 Self awareness

감성지능 EI Emotional Intelligence 라는 용어를 최초로 사용한 예일대 피터 셀로비 Peter Salovey 와 뉴햄프셔대 존 메이어 John D. Mayer 는

"감정을 일어난 그대로 인식하는 자기인식이 감성지능의 근본 원리"

라고 말했어요.

이후 IQ에 대비되는 EQ Emotional Quotient 개념을 대중화시킨 다니엘 골먼 Daniel Goleman 은 감성지능이 높은 사람의 특징으로

"자기 자신에게 끊임없이 동기부여를 하고, 좌절에도 앞으로 나아갈 줄 알고, 만족을 뒤로 미루며 충동을 억제하고, 자기 기분을 통제하고, 걱정거리 때문에 사고력이 저하되지 않게 하며, 감정이입을 할 줄 알고, 희망을 품을 줄 아는 능력"

8가지를 들었는데, 이 특성은 모두 회복탄력성과 연관되어 있어요.

누군가 감성지능이 높다는 건 결국 자신의 욕망, 기질, 감정, 장단점 등을 객관화해 파악할 수 있고 실패와 고난이 닥쳐도 좌절하지 않고 이내 원상태로 회복하는 생명력을 가진 사람이라는 의미로 귀결됩니다.

생각보다 사람은 자기 자신을 잘 몰라요. 아니, 내가 나를 모르면 누가 알아? 싶겠지만 스스로를 과대화해서 보는 경향은 누구에게나 있고 특별한 계기가 없는 한 별다른 문제의식 없이 살아가기 마련이에요. 적당한 자기중심적 부풀리기는 자신감의 원천이 되기도 하지만 과할 경우 공적, 사적 관계에서 거부감을 일으키는 원인이 된다는 데 문제의 심각성이 있어요.

더닝-크루거 Dunning-Kruger 효과[5]는 인지 편향의 하나로, 능력이 없는 사람이 잘못된 판단을 내려 잘못된 결론에 도달하지만, 능력이 없기 때문에 자신의 실수를 알아차리지 못하는 현상을 가리킵니다. 한마디로 '너무나 무지해서 자신이 무지하다는 사실조차 모르는 상태'를 일컫죠. 책을 한 권도 안 읽은 사람보다 1권만 읽은 사람의 확신이 더 무섭다는 말처럼 내가 아는 것이 전부인 양, 귀 막고 눈감은 독불장군들이 흔한 이유이기도 하죠. 이는 '자신이 무엇을 알고 무엇을 모르는지 정확히 아는 능력'인 메타인지와도 연결됩니다. 이 모두 객관적 자기인식 능력이 현저히 떨어질 때 생기는 문제죠.

---

[5] 위키백과

소설가 박완서는 『그 많던 싱아는 누가 다 먹었을까?』[6]의 서문에 이런 말을 남겼어요.

> "나이가 먹을수록 지난 시간을 공유한 가족이나 친구들과 과거를 더듬는 얘기를 하는 경우가 많은데 그럴 때마다 같은 일에 대한 기억이 서로 얼마나 다른지 놀라면서 기억이라는 것도 결국 각자의 상상력일 따름이라는 것을 깨닫게 된다."

이처럼 우리는 일상에서 자신을 객관적으로 들여다보려는 자기인식에 대한 관심과 기회 자체가 현저히 부족한 상태로 살아갑니다. 초중고대학을 망라한 학창시절부터 직장인에 이르기까지 시간을 두고 자기 자신을 들여다보는 여유를 순순히 허용하지 않는 사회적 강박이 만연하기 때문이에요.

학교에서는 영어 단어 하나라도 더 외우고 수학 문제 하나라도 더 풀라 닦달을 당하고 대학에서는 취업을 위한 스펙을 쌓기 위해 밤을 지새웁니다. 직장에는 과정이야 상관없고 결과만 내면 그만이라는 극단적 결과주의와 당장의 이익에 몰두하는 단기적 성과주의가 판을 칩니다.

내가 뭘 좋아하고 뭘 싫어하고 무엇 때문에 힘들어하는지 진지하게 성찰할 기회 자체가 원천적으로 봉쇄된 것이나 다름없어요. 숨 막히죠. 오늘날 사회 전반에 걸쳐 만연한 따돌림, 집단 괴

---

6) 웅진지식하우스, 2021

롭힘, 갑질 등 인간성 상실의 문제는 머리는 좋지만 감성지능이 크게 떨어지는 개인과 경쟁과 숫자에만 치중하는 조직의 콜라보가 낳은 당연한 결과물인지도 모릅니다.

자기객관화 된 감성지능 능력자를 다시 보세요.

우리가 그동안 마치 종교처럼 떠받들어왔던 이성지능 중심 엘리트주의는 명백히 시대착오적인 '옛 것'이 됐어요. 머리 '만' 좋고 감성이 메마른 반쪽짜리 괴물들은 지난 산업사회에서 고도의 성장을 이끄는 공을 세웠지만 이른바 지식산업사회, 가치소비 사회로 진입하며 그 수명을 다한 지 오래죠.

이제 사회는, 시장은 새로운 가치를 원합니다. 기업의 철학과 지속 가능한 고차원적 가치에 열광하고 고객이 스스로 팬을 자처하는 사례는 신선하다 못해 이질적이에요. 중요한 건 이들이 잠깐 반짝하고 말 변종들이 아니라, 다시 인간중심으로 회귀하려는 본질을 실천할 주류가 될 것이라는 전망이에요. 객관적 자기 인식으로 무장한 사람들이야말로 새로운 시대의 건강한 조직을 만드는 첨병이자 키맨 *key man* 이 될 것입니다.

무엇보다 '누구를 채용할 것인가?'라는 질문은 '누구를 채용하지 말 것인가?'의 질문과 병행되어야 합니다. 채용 단계에서부터 감성지능 역량을 제대로 검증해 인간에 대한 공감과 윤리의식,

공정경쟁에 대한 지지가 없는 얼음 심장들을 걸러내야 합니다. 이들이 오늘날 회사 조직 곳곳에서 인간을 부품화하고 각종 관계의 문제를 일으켜 결국 기업의 지속 가능한 성장에도 악영향을 끼쳐왔다는 증거는 여기저기 널려있어요.

무엇보다 채용 프로세스를 처음부터 재점검하세요. 이성지능 중심, 학벌 위주 채용 원칙을 용도 폐기하고 인성검증을 전폭적으로 강화해 채용 프로세스를 재구축하세요. 기존의 IQ 검증형 인적성 검사로는 인성파탄, 인간성 제로인 부적격자를 걸러내기 힘들다는 사실을 받아들이세요.

가능하다면 실리콘밸리의 잘나가는 빅테크 기업들처럼 채용 검증에 수개월의 시간을 투자하세요. 인성 검증 과정에 사활을 거세요. 가능한 선에서 검증에 필요한 인풋(돈, 시간, 노력)을 대폭 늘려 반쪽짜리 썩은 사과 Rotten apple를 철저히 솎아내야 합니다. 우리 회사의 지속 가능한 성장이 채용에 달렸다면, 허투루 검증해서는 답이 없어요. 인재를 감성지능 중심으로 재정의하고 자기인식 능력이 뛰어난 이들을 귀하게 여길 줄 알아야 합니다.

잠시 멈춰 서서 '나'를 돌아볼 수 있는 시간을 제도화하세요.

잘 쉬고 잘 노는 사람이 일도 잘 합니다. 인간은 기계가 아니거든요. 주의력은 그야말로 소모품이에요. 하루에 쓸 수 있는 양이

한정되어 있어요. 오죽하면 집중하라 **Pay attention**는 영문 표현에 **Pay**가 붙겠습니까? 오히려 제시간에 일을 마무리하지 못하고 야근을 일삼는 이들이야말로 무능력자로 간주해야 할 판이에요. 괜히 제시간에 일 마친 사람까지 불필요한 강박을 느끼게 하고 팀 성과에 해를 끼칠 뿐이니까요.

물론 '게임개발'처럼 여전히 인력과 시간을 충분히 들여야 퀄리티가 좋아지는 비즈니스도 있어요. 그러나 생성형 AI가 등장하고 기존의 질서와 정답이 대부분 무용해진 마당에 정신적, 신체적 한계가 명백한 인간 개인의 주의력에만 의존하는 분야라면 그 생명력이 얼마나 갈 수 있을까요?

'지식산업시대' '가치소비'의 시대에 일 잘하는 사람의 정의는 명백히 기존과는 달라야 합니다. 주어진 시간 내에 최대의 집중력을 발휘해 최적의 효과를 낼 수 있는 사람이야말로 새로운 시대가 필요로 하는 **It people**에 가까워요.

무엇보다 창의적 생각은 물리적, 정신적 여유에서 나옵니다. 때로는 멍 때리면서 공상하고 내면을 깊이 있게 관찰하기도 하고 내가 무엇을 좋아하고 싫어하는지, 어떤 점에 강점과 약점이 있는지 심도 있게 들여다보는 과정에서 어떤 점들이 연결되어 이전에 생각하지 못한 무언가가 **pop up**처럼 돌출하는 과정, 그 자체가 창의성의 본질이에요. 누군가 지시한 루틴한 일에 매몰되고 한계를 벗어난 상태의 정신과 신체에서 발현되는 건, 오직 짜증과 스트레스뿐이에요.

인간은 완벽한 존재일 수 없다는 전제를 바탕으로, 내가 나를 잘 모른다는 사실을 먼저 인정하는 것, 멈춰 서서 스스로를 돌아보는 시간을 갖는 일만으로도 변화는 시작됩니다.

너무 무지한 나머지 무지하다는 사실 자체를 인지하지 못하는 '더닝-크루거'효과에 매몰된 사람이 조직에 많을수록 배는 산으로 갑니다. 이들은 스스로를 완벽한 사람이라고 착각할 가능성이 높고 그 과정에서 관계의 문제를 일으켜 조직 전체를 파탄으로 몰고 갈 여지 역시 매우 크죠.

> **❝** 회사는 제도적 장치를 마련해 업무 시간 중
> 자유롭게 사색이 가능한 시간을 제공하고,
> 정기적으로 관련 워크숍을 열어
> 의도적인 자기인식 강화의 기회를 갖도록
> 지원해주어야 합니다.

자세히 봐야 보입니다. 나도 그렇습니다.

| Em_Q2 |

나는 평소의 내 감정
(즐거움, 놀라움, 분노, 슬픔, 두려움, 역겨움) 상태를
잘 파악한다.
자기인식 2 감정 들여다보기

나를 잘 안다는 건, 내 감정을 잘 안다는 뜻이기도 해요.

그런데 우리에게 감정에 대해 진지하고 깊이 있게 배워볼 기회가 있었던가요? 살면서 감정과 관련해 들은 이야기라곤 '남자는 태어나 딱 세번 운다' 정도죠. 생각해보면 '아니 왜?' 반문을 할 틈도 없이 감정을 억압하라는 무지막지한 사회적 가스라이팅을 당해온 게 아닐까 싶어요.

인류의 현자 아리스토텔레스는 『니코마코스 윤리학』[7] **Nicomachean Ethics**에서 '필요한 건 상황에 어울리는 합당한 감정'이라고 했는데, 이는 감정절제의 목적은 억압이 아니라 균형이라는 분명한 뜻을 담고 있어요.

---

7) 박문재(번역), 현대지성, 2022

감정을 억압당한 결과, 우리는 감정 무능력자가 되어버린 게 아닌가 싶어요. 상대의 감정은커녕 당장 내 감정조차 제대로 알지 못하는 사람들이 수두룩한 이유. 오늘날 직장인들에게 눈에 띄게 증가한 우울증, 공황장애 따위 정신질환들은 내 감정을 있는 그대로 들여다보고 이름을 붙이고 왜 이런 감정이 생겼는지 진지하게 생각해볼 여유를 허용하지 않는 사회적 강박에서 비롯되었는지도 몰라요. 기쁠 때 기뻐하지 못하고, 슬플 때 슬퍼하지 못하는 삶은 얼마나 불행한지요.

심리학에서 보는 인간의 기본 감정은 크게 '즐거움, 놀라움, 슬픔, 공포, 분노, 역겨움' 여섯 가지로 분류된다고 해요. 물론 복잡다단한 인간의 감정이 이 여섯 가지 범주로 갈음될 수는 없죠. 이들은 수많은 세부적 감정들이 파생되는 원재료로 쓰여요. 커피로 치면 에스프레소인 셈이죠. 에스프레소를 그냥 마셔도 되지만 여기에 물을 타거나 우유를 타서 아메리카노, 라떼 등 파생 음료를 만들어내는 것처럼 감정은 6가지 기본 재료에서 시작해 놀라울 만큼 세분화됩니다.

심리학자이자 신경과학자인 리사 펠드먼 배럿 **Lisa Feldman Barrett** 은

"인간의 감정은 내면에 이미 완성되어 있는 패턴이 촉발되는 것이 아니라 상황에 따라 만들어지는 것"

이라고 주장했어요. 이를 구성된 감정 이론 **Theory of constructed emotion** 이라 부르죠.

신체의 내외부 감각이 편도체를 통해 대뇌의 감정 처리 시스템으로 보내지면 '유인성 Valence_ 유쾌한가 불쾌한가' '흥분도 Arousal_ 평온한가 동요하는가'라는 두 축을 기준으로 크게 분류되고 개인의 과거 경험을 토대로 구체적인 감정이 생성된다는 거예요.

감정이 마치 지문처럼 인간의 내면에 저장되어 있어 상황에 따라 적절한 표정이 드러나 대번에 알아차릴 수 있다고 알려졌지만 이것이 착각이라는 의미이기도 해요.

『감정의 발견』[8]의 저자 마크 브래킷 Marc Brackett은 이러한 감정 생성의 메커니즘을 이용해 아래와 같은 무드 미터 mood meter를 만들었어요.

MOOD METER

활력 높음 High Energy									
격분한	공황에 빠진	스트레스 받는	초조한	충격받은	놀란	긍정적인	흥겨운	아주 신나는	황홀한
격노한	몹시 화가 난	좌절한	신경이 날카로운	망연자실한	들뜬	쾌활한	동기 부여된	영감을 받은	의기양양한
화가 치밀어 오른	겁먹은	화난	초조한	안절부절 못하는	기운이 넘치는	활발한	흥분한	낙관적인	열광하는
불안한	우려하는	근심하는	짜증나는	거슬리는	만족스러운	집중하는	행복한	자랑스러운	짜릿한
불쾌한	골치아픈	염려하는	마음이 불편한	언짢은	유쾌한	기쁜	희망찬	재미있는	더없이 행복한
역겨운	침울한	실망스러운	의욕 없는	냉담한	속 편한	태평한	자족하는	다정한	충만한
비관적인	시무룩한	낙담한	슬픈	지루한	평온한	안전한	만족스러운	감사하는	감동적인
소외된	비참한	쓸쓸한	기죽은	피곤한	여유로운	차분한	편안한	축복받은	안정적인
의기소침한	우울한	둔한	기진맥진한	지친	한가로운	생각에 잠긴	평화로운	편한	근심 걱정 없는
절망한	가망 없는	고독한	소모된	진이 빠진	나른한	흐뭇한	고요한	안락한	안온한

← 쾌적함 낮음 Low Pleasantness → ← 쾌적함 높음 High Pleasantness →

출처_ 감정의 발견, 마크 브래킷

---
8) 임지연(번역), 북라이프, 2020

이를 '감정 입자도'라고도 불러요. 인간은 다양성이 표준이에요. 유전자가 일치하는 일란성 쌍둥이라도 서로 다르다는 말입니다. 동일한 경험을 해도 느끼는 바가 다르고 그 과정에서 얻는 감정의 종류와 깊이 또한 천차만별인 이유는 바로 이 감정 입자도의 차이 때문이에요.

비유하자면 감정 입자도가 높은 사람은 **4K UHD TV**의 해상도로 자신의 감정과 타인의 감정을 디테일하게 들여다볼 수 있지만, 감정 입자도가 낮은 사람은 네모 픽셀이 고스란히 보이는 흐릿한 해상도로 감정을 보는 것과 같아요. 당연히 감정 입자도가 높은 사람이 공감능력 역시 뛰어날 가능성이 커요.

감정의 생성과 적용에 관한 메커니즘을 감안하면, 인간은 어떤 경우든 의사결정에 과거의 비슷한 상황과 경험에서 비롯한 감정이 개입될 수밖에 없어요. 감정 역시 기억의 한 형태로 경험에 고스란히 담겨 있기 때문이죠. 이를 감안하면, "나는 감정에 구애받지 않고 이성적인 판단을 하는 사람이야"라는 말은 사실이 아닐 가능성이 대단히 높아요.

만약 사실이라면 스스로 감정불능자라는 고백이거나 인간 AI의 출현이라는 '사건'이 되는 겁니다. 감정불능에 가까운데다 스스로를 대단히 이성적 존재로 착각하는 기업의 의사결정권자는 여러모로 잠재적 위협요인에 더 가까워요.

어쩌면 오늘날 기업 현장에서 생기는 각종 인간성 상실의 문제, 즉 갑질이나 인격 모독, 결과만 낼 수 있다면 과정 따위 무시해도 좋다는 극단적 성과주의는 이러한 이들로부터 생기는 문제인지도 모릅니다. 왜 우리가 직장 생활을 포함한 관계에서 감정을 제대로 다뤄야 하는지, 그렇지 못했을 때 어떤 문제가 생길 것인지 충분히 짐작할 수 있어요.

극단적 이성 중심 사고방식은 위험해요. 중요한 건 균형적 사고예요.

숫자와 데이터는 의사결정에 반드시 필요한 요소지만 그게 전부라는 판단은 위험해요. 인간은 비합리적 존재이며 이성은 감정에 영향을 받는 영역이라는 사실을 인정해야 합니다.

합리적 판단에 가장 필요한 건, 자신의 감정에 대한 객관적 이해입니다. 그 시기가 언제든 특정 상황에서 느꼈던 감정의 흔적은 장기기억장치에 저장되어 비슷한 상황에서 고스란히 되살아나 현재의 의사결정에 반드시 영향을 미치기 때문이에요.

중요한 판단을 앞두고 먼저 해야 할 일은 잠시 멈춤 버튼 Pause 를 누른 채 현재 나를 둘러싸고 있는 감정의 주류가 무엇인지 판단하는 일이에요. 내면으로 깊이 들어가 의사결정 과정에서 영향을 미칠 수 있는 요소를 샅샅이 살펴 그 감정의 실체를 명확히 파악해야 합니다. 그런 다음 눈앞의 숫자, 데이터와 결합해서 보다 입체적인 판단의 근거를 확보해야 합니다. 그 과정에서 부하직원을 포함한 주변 사람들의 의견을 묻고 적극 반영한다면 금상첨화죠.

출근 후 10분, 감정훈련을 해보세요.

다행히 공감능력은 학습으로 좋아질 수 있습니다. 선천적으로 대뇌에 공감기능 자체가 결여된 소시오패스(사이코패스) 부류가 아닌 한, 노력하면 좋아진다는 말이에요.

거창한 프로그램도 필요 없어요. 출근 후 딱 10분만 시간을 내보세요. 우선, 앞서 소개한 '무드 미터 Mood meter'를 활용해 보세요. 출력해서 개인 책상 앞에 붙여 놓고 지금의 내 감정이 어디쯤 위치하는지 먼저 찾아보세요. 그리고 그 감정의 이름을 확인한 후 가만히 들여다보고 눈을 감습니다. 그리고 그 감정이 맞는지, 어디에서 비롯됐는지 들여다보는 겁니다.

대개 아침나절의 감정은 두 축의 중간 지점에서 형성되죠. 밋밋해요. 특별히 불쾌하지도 유쾌하지도 않고 동적이지도 정적이지도 않은 상태. 출근할 때 지하철에서 특별한 일이 없었다면 정중동의 상태는 기본값이 됩니다.

자신만의 감정수업이랄까요? 순수하게 자신의 감정을 직시하고 되도록 정확한 이름을 붙여보는 시도는 마치 마음의 근육을 키우는 일과 같아요.

일단 한 달만 유지해보세요. 마치 100만 화소에서 1억 화소 짜리 카메라로 바꾼 것처럼 내 감정 해상도는 몰라보게 깊고 풍부해집니다. 점심 식사 후 여유가 된다면 산책을 겸해도 좋아요. 계절이 바뀌고 시시각각으로 변하는 바람의 방향과 그날의 온도와 주변 사람의 체온을 5감을 통해 느끼고 집중해보는 겁니다.

소설가 김영하 씨는 '짜증 난다'라는 단어 하나로 부정적 감정을 뭉뚱그려 표현해선 안된다고 충고합니다. 그 안에 들었을 세부 감정은 꽤나 다양하기 때문이에요. 화가 났을 수도 있고, 슬플 수도 있고, 두려울 수도 있잖아요. 화는 풀어주고, 슬픔은 위로해주고, 두려움은 해소해주고, 불안함은 달래주어야 합니다. 그런 과정을 통해 나 스스로는 감정적으로 더 탄탄해지고 상대방과의 관계는 더 돈독해지죠. 각각의 감정을 하나로 뭉뚱그려서 표현해버릇하면, 즉 감정 입자도의 해상도가 낮아지면, 결국 자신의 진짜 감정이 무엇인지 알 수 없게 됩니다.

타인의 감정은 그다음이에요. 스스로의 감정도 제대로 파악하지 못하는데, 남의 감정을 들여다보는 일은 오죽할까요? 의도적 노력을 통해 풍부해지고 깊어진 감정 입자도는 상대의 언어적, 비언어적 신호를 비교적 정확하게 짚어내 적절하게 대응할 수 있도록 돕습니다. 관계의 기본은 자신을 먼저 알고 타인에 연결하는 능력에서 비롯됩니다. 타고나기도 하지만, 얼마든지 노력으로 극복할 수 있는 문제예요.

|Em_Q3|

나는 마음의 상처를 받아도 곧잘 이겨내고 털어내는 편이다.
자기인식 3 회복탄력성

공감능력이 뛰어난 사람들은 상처도 잘 받아요. 타인의 고통, 아픔, 슬픔까지도 속절없이 자기 것인 양 받아들이기 때문이에요. 지나치면 타인으로 인해 오히려 나 스스로를 망치는 결정적 계기가 되기도 합니다. 충분히 공감은 하되, 자신의 중심을 잃지 않는 선에서 이성적으로 판단하고 행동하는 균형감이 무엇보다 필요한 이유예요.

다행인 건 뛰어난 공감능력 때문에 상처를 잘 받는 사람들이 치유력도 높다는 점이에요. EQ Emotional Quotient 감성지능 연구의 권위자 다니엘 골먼 Daniel Goleman 은 감성지능이 높은 사람의 특징으로 다음의 8가지를 거론했습니다.

> 1) 자기 자신에게 끊임없이 동기부여를 하고, 2) 좌절에도 앞으로 나아갈 줄 알고, 3) 만족을 뒤로 미루며, 4) 충동을 억제하고, 5) 자기 기분을 통제하고, 6) 걱정거리 때문에 사고력이 저하되지 않게 하며, 7) 감정이입을 할 줄 알고, 8) 희망을 품을 줄 아는 기질

이를 한마디로 요약하면 다름 아닌 '회복탄력성' 그 자체죠. 회복탄력성은 삶의 곳곳에서 큰 역할을 합니다. 최악의 상황에서 생과 사를 가르는 결정적 요인으로 작용하기도 하죠.

제임스 스톡데일 James Bond Stockdale은 베트남 전쟁 당시 해군 중령으로 1965년 베트콩에게 붙잡혀 1973년까지 10년 가까이 포로 생활을 했어요. 스톡데일은 함께 붙잡힌 동료 포로들을 관찰했는데 혹독한 포로 생활을 견디고 끝까지 살아남아 송환된 사람들은 어떤 특징을 가졌는지 그 비밀을 알아냈죠. 이를 '스톡데일 패러독스 Stockdale Paradox'라고 부릅니다.

그들은 당장 내일 죽을 것처럼 모든 것을 체념한 비관론자도 아니었고, 그렇다고 대책 없는 낙관론자도 아니었어요. 다수의 낙관론자들은 아무런 근거도 없이 크리스마스가 오면 특사로 풀려날 것이라는 막연한 기대를 품고 지내다 막상 그날이 왔을 땐 아무 일도 일어나지 않았다는 사실에 절망했어요. 상심을 이기지 못하고 병을 얻어 시름시름 앓다 삶을 포기하는 경우가 많았죠.

반면 끝까지 살아남은 이들은 낙관주의자들과 비슷하면서도 결정적인 차이가 있었어요. 이들은 기본적으로 긍정적 사고방식을 가졌지만 지극히 현실적인 사람이었다는 사실이죠. 자신에게 닥친 상황을 있는 그대로 인식하고 받아들인 후 일상에 의미를 부여하며 생활했어요. 스톡데일 본인 역시 포로로서 똑같은 고초를 겪으며 그들의 사고방식에 따라 하루하루 최선을 다해 삶을 유지하려고 노력했다고 전합니다.

『죽음의 수용소에서』9)로 유명한 빅터 프랭클 Viktor Frankl은 박사 역시 악명 높은 나치의 아우슈비츠 수감 생활을 통해 얻은 인간의 본질에 대한 깨달음을 이야기합니다. 방금 죽은 동료의 신발을 벗겨 제 발에 옮겨 신는 일이 아무렇지도 않게 된 지옥 같은 환경에서도 최후의 순간까지 인간으로서의 존엄을 포기하지 않고 의미 있는 삶을 끝끝내 지켜낸 존재에 대해 증언합니다. 읽는 이로 하여금 경이로움을 느끼게 하죠.

주어진 환경에 순응하고 협조하면서도 마지막까지 포기할 수 없는 스스로의 가치를 지키려는 정신력과 공감능력, 그리고 회복탄력성을 놓지 않았다는 사실을 어렵지 않게 포착할 수 있어요.

두 사람이 베트콩 포로, 아우슈비츠 수용자로 지내면서 공통적으로 남긴 인간의 본질, 본성에 대한 기록은 극한 환경에서도 굴하지 않고 끝까지 버텨 삶을 이어가게 하는 힘이 무엇인지를 선명히 전해줍니다.

오늘날 많은 이들이 '직장은 전쟁터고 밖은 지옥'이라고 떠드는 현실을 빅터 프랭클과 스톡데일이 마주한다면 그들은 어떤 표정을 지을까요?

---

9) 이시형(번역), 청아출판사, 2020

지옥 같은 환경에서도 삶의 의미를 찾고 생명력을 높여 마침내 목표한 바를 달성하게 하는 회복탄력성, 감성지능의 무한한 힘을 먼저 인정합시다. 그리고 이를 조직 내에 불어넣기 위해 노력한다면, 어쩌면 오늘날 회사조직들이 겪고 있는 문제의 대부분이 자연스럽게 해결될지 모를 일입니다.

잠시 멈춰 여유를 가지세요

어느 날 제자가 와서 물었다.
"제 마음속에는 두 마리의 개가 삽니다.
한 마리는 매우 사납고 공격적이지만
또 한 마리는 얌전하고 평온하며 협조적입니다.
두 마리 중 어떤 개가 살아남을까요?"
현자는 말했다.
"네가 밥을 더 많이 준 쪽이 살아남으리라."

이 일화는 사실 여러 버전이 있어요. 석가모니와 그 제자의 대화라는 썰도 있고, 누군가는 공자와 그 제자 사이의 일이라고도 합니다. 아무려면 어떤가요. '인생사 마음먹기 달렸다'라는 뻔한 교훈을 존경할 만한 누군가의 이름을 빌어 확실히 심어 줄 수 있다면 말이죠.

내 마음과 관점을 결정하는 건 결국 나 자신이에요. 그걸 모르는 사람이 있을까요? 매사를 부정적으로 보는 사람은 자신이 그렇게 보기를 선택한 것일 테죠. 관점을 바꿔 좋은 방향으로 트는 것 역시 본인의 의지예요. 객관적이고 절대적인 긍정, 부정은 세상에 없어요. 다 자기 주관이 반영된 이후의 결과물들이죠.

문제는 이 당연한 진리가 현실에서 쉽게 발현되지는 않는다는 데 있어요. 극단적 이성주의에 빠져 감성지능 따위는 뒷전으로 내몬 사회적 강박 탓이 큽니다. 하지만 가치소비, 가치노동, 인간성 회복이 새로운 기준이 되는 시대에 자기 자신을 제대로 알고 그 인식을 기반으로 나를 둘러싼 세상과 타인에 대한 긍정적 관심을 가지는 건 이제 선택이 아닌 필수가 됐습니다.

시간을 두고 Pause 버튼을 누른 후 내 마음속 깊은 곳을 찬찬히 들여다보세요. 내가 어떤 사람인지, 어떤 상황에 놓여 있는지 제대로 파악해 보세요. 무조건적인 비관도 근거 없는 낙관도 말고 오늘 하루를 최선을 다해 살기로 마음먹는 일.

그 정도면 충분합니다.

나는 희망도 절망도 없이 매일 조금씩 씁니다.

『아웃오브아프리카』와 『바베트의 만찬』의 작가인 이자크 디네센 Isak Dinesen이 한 말인데 무라카미 하루키가 인용하면서 더 유명해졌어요. 저는 이 말을 참 좋아합니다. 매일 같은 일을 반복하면서 때로 지겹고 지치고 좌절감이 밀려들 때 이 말을 종종 곱씹어요. 그러면 알 수 없는 힘이 생기고 하루를 알차게 보낼 동력이 샘솟습니다.

실제 무라카미는 이 명언으로부터 매일 원고지로 200페이지를 쓰는 원동력을 얻는다고 했는데요. 그 과정에서 꽤 괜찮은 작품들이 툭툭 떨어진 것뿐이라며 겸손을 표합니다.

> 저 역시 오늘 하루를
> 희망도 절망도 없이
> 최선을 다해 살아갈 겁니다.
> 그렇게 하기로 마음먹었으니까요.

구성원 마음관리, 제도로 뒷받침하세요.

정신적 고통경험은 대뇌의 전방 대상 피질 ACC을 활성화시킨다네요. 몸이 다쳤을 때 활성화되는 영역과 동일한데 마음의 상처가 신체적 상처와 다르지 않다는 뜻이에요.

직장인의 마음을 다치게 하는 주범은 주로 회사와 경영진 그리고 리더들일 가능성이 높습니다. 그들이 내린 의사결정과 소통의 방식 때문이에요. 희망퇴직이나 권고사직, 불공평한 인사제도, 강압적이고 비인간적인 리더십 등의 문제로 우리는 고통받습니다.

문제는 이런 상처가 당사자에게만 국한되지 않는다는 데 있어요. 대대적인 구조조정 이후에는 남은 사람들에게도 큰 상처가 남아요. 어제까지 함께 울고 웃으며 동고동락했던 동료가 한순간에 잘려 나가는 모습을 지켜보는 일은 정말이지 고통스럽습니다. 혹여 '경쟁자가 줄었다'며 내심 웃는 자가 있다면 인간의 탈을 쓴 외계 종족일 가능성이 높아요.

회사와 경영진은 실적악화니 생존이니 당위를 앞세워 마음의 상처를 대수롭지 않게 생각해 왔어요. 정신적 고통을 호소하면 외려 정신력이 나약한 사람 취급을 했죠. 몸이 아프면 병원에 가거나 즉시 치료를 받는 것이 상식인 반면, 마음이 다치는 일엔 놀랍도록 별다른 조치가 없었어요. 자기 마음도 제대로 들여다보지 못하는 외계 종족(소시오패스) 경영진들은 '우리도 그랬으니 너희들도 알아서 이겨내라'는 식이에요.

이 얼마나 잔인하고 비정한 일입니까?

이제라도 회사는 마음 치료에, 아니 마음 관리에 진심을 다해야 합니다. 전문 심리치료사를 채용해 정기적이고 체계적인 마음 치료/관리 프로그램을 제공해보세요. 비용 문제로 어렵다면 외부 전문기관과 연계해서라도 진정성 있는 멘탈 케어 서비스를 상시화하세요. 특히 서비스 업종, TM Telemarketing 등 감정노동을 하는 구성원들에게는 필수예요. 마음 다친 사람들이 고객에게 진심을 다해 잘할 턱이 없잖아요.

회사 사정이 여의치 않아 구조조정을 해야 한다면, 왜 그런 의사결정을 내릴 수밖에 없었는지 대표의 목소리로 허심탄회한 이야기를 먼저 나누세요. 대상자를 선정하고 면담을 하는 과정 또한 인간적 예우를 먼저 갖추세요. 그들은 부품이 아니라 내 꿈을 위해 함께 달려온 동료였을 테니, 개인 능력의 문제나 잘못이 아닌 회사의 경영상 문제로 결정된 사항임을 솔직하게 밝히고 앞으로의 커리어를 위한 진심 어린 조언과 현실적인 지원 방안을 제시하세요.

구조조정이 완료된 이후에도 남은 사람들과 함께 회사 차원의 대화를 나누어야 합니다. 현재의 어려움을 어떻게 극복하고 어떤 방향으로 나아갈 것인지 구체적 청사진 Blue print 를 마련해 제시하고 다시 한번 힘을 모아 새로운 목표를 향해 나아갈 것을 천명하는 시간을 마련하세요. 타운미팅 형식도 좋고, 대표 간담회 형식도 좋습니다. 남겨진 이들 역시 마음에 상처가 생겼음을 인정, 인지하고 '정신력으로 극복'같은 가스라이팅은 멈추세요. 회사 차원에서 적극적이고 구체적인 극복 방안을 제도로 만들어 실행하세요.

이는 상당한 인풋(돈, 시간, 노력)이 투입되는 일이며 단순히 한번 털어내고 마는 이벤트로 접근해서는 안 됩니다. 외상 후 증후군이 지속되면 조직 전체에 장기적인 해를 끼치지만 상처를 제대로 치유하고 극복해낼 수 있다면 외상 후 장애는 외상 후 성장으로 거듭나 개인과 조직 모두 퀀텀 점프할 수 있는 계기로 작동할 수 있어요.

부디 정신건강회복을 허투루 여기지 마세요.

| Em_Q4 |

일상업무나 대인관계에서
타인의 입장과 감정을 잘 파악하는 편이다.
사회적관계 1 감정이입

저는 17년간 기업 현장에서 범 HR업무를 했습니다. 채용 5년, 육성 5년, 조직문화 7년 총 17년의 커리어 전부 '사람'과 직접 관련된 일을 한 셈입니다. 그 과정에서 회사 내외부의 수많은 사람들을 관찰할 기회가 있었죠. 그런데 만나면 만날수록, 알면 알수록, 사람, 그것 참 모르겠다 싶더군요.

재밌는 건, 제 이익을 위해서라면 타인의 사정 따위 신경 쓰지 않거나 아예 수단으로 이용해먹는 감정불능자들이 간혹 보이더라는 점이었어요. 그저 어느 조직에나 있는 튀는 존재, 빌런 정도로는 도무지 설명이 안되는 전혀 새로운 종족이 있더라는 말입니다.

이들에 대해 본격적으로 관심을 갖게 된 결정적 계기는 숫자 '4'였어요.

하버드 의과대학 정신의학과 교수인 마사 스타우트 Martha Stout 는 자신의 저서 『이토록 친밀한 배신자』[10])에서 인간의 탈을 쓰고 있지만 감정을 느끼고 이해하는 기능이 원천 결여된 '소시오패스'라는 문제적 종족이 인구 통계학상 약 4%의 확률로 우리 주변에 존재한다고 주장했어요.

4%라는 숫자가 참 묘해요. 특별히 커 보이지는 않는데 또 무시하자니 마음에 걸립니다. 우리나라 인구 5,000만에 대입해 보면 약 200만이라는 숫자가 나와요. 요즘 학교의 학급당 학생 수가 25~30명 수준인 점을 감안하면 학급 당 1명꼴이 되는 셈이죠. 이제 실감이 납니다. 이 정도면 어디 먼 나라, 넷플릭스 판타지 드라마 속 스토리가 아니라 바로 일상 속 내 문제가 됩니다.

실제로 '소시오패스'는 정신의학에서 정식 진단명은 아닙니다. 미국 정신의학회 APA American Psychiatric Association 에서 발간하는 정신질환의 진단 기준을 정리한 지침서 DSM-5 Diagnosis and Statistical Manual of Mental disorders 에선 '반사회적 인격장애 ASPD'의 하위 영역 정도로 분류됩니다. 흔히 사이코패스는 유전적·신경생물학적, 소시오패스는 후천적 환경요인에 의해 발생한다고 알려져 있지만, 이는 학계의 합의된 구분은 아닙니다.

사이코패시 진단 도구 PCL-R 를 개발한 로버트 D. 헤어 Robert D. Hare 박사 역시 "용어는 각 분야의 관점에 따라 달리 쓰일 뿐이며,

---

10) 이원천(번역), 사계절, 2020

핵심은 공감 능력 결여와 자기중심적 성향이라는 공통적 특성"이라고 설명합니다.

많은 사이코패스적 성향의 사람들은 뇌의 감정처리 회로(편도체-전전두엽 경로)의 기능 저하를 보이며, 후천적 환경은 이러한 성향의 '표출 시기와 방식'에 영향을 주는 요인으로 이해되고 있습니다.

문제는 우리가 이들을 생각만큼 잘 모른다는 데 있어요. 반면 그 이미지만큼은 강렬하죠. 영화나 드라마, 뉴스에서 많이 접했다고 생각하기 때문입니다. 피도 눈물도 없는 사악한 범죄자. 연쇄 살인마 뭐 이런 그림 아닌가요? 이런 인식은 일부는 맞고 또 일부는 틀려요. 실제 소시오패스(사이코패스)가 일으키는 엽기적인 강력 범죄는 극히 드문 편이에요.

로버트 D헤어 박사의 저서 『진단명 사이코패스』[11]에 따르면 미국 내 전체 범죄 재소자의 약 20%가 소시오패스(사이코패스)인 것으로 알려졌어요.

어? 겨우? 싶겠지만, 전체 인구 중 4%에 불과한 소수집단이 범죄자 전체 모집단의 20%를 차지한다는 점을 감안하면 결코 낮은 비율은 아닙니다. 5대 강력범죄로 좁히면 그 비중은 50%로 더 올라갑니다. 오히려 양심을 가진 일반인들이 전체 범죄자의 80%

---

[11] 조은경, 황정하(번역), 바다출판사, 2020

에 달하고 5대 범죄의 비율에 있어서도 절반에 해당한다니 그 사실이 더 놀랍습니다.

그렇지만 이들의 범죄는 일반인의 그것과는 본질적인 차이가 있습니다. 우발성, 단발성, 인과성이 비교적 명확한 범죄가 대다수인 일반인에 비해 이들 소시오패스(사이코패스)의 범죄는 계획적, 지속적이며 인과성이 명확하지도 않아요. 거기에 상상을 초월하는 잔학성을 동반하죠. 19세기 초 프랑스인 정신과 의사 필리프 피넬 Philippe Pinel 은 이들의 잔혹한 범죄행위를 '섬망(정신착란) 증세 없는 정신이상'이라고 정의함으로써 일반인이 저지르는 범죄와 명확히 구분 지었습니다. 범죄 재발률 역시 일반인들에 비해 세 배 이상 높아요.

마사 스타우트 Martha Stout는 이들의 핵심 특징으로 '양심'의 결여를 지적했어요. 양심이란 '인간(타인)에 대한 애착을 바탕을 둔 책임감과 의무감'이라고 정의했는데, 한마디로 소시오패스(사이코패스)는 선천적인 감정 무능력자인데다 쾌락, 분노 등 생존에 필요한 원초적 감정 외에 더 깊은 차원의 감정을 느끼고 타인의 그것에 이입하는 기능 자체가 없는 반사회적 존재인 셈이에요.

저는 이것을 '양심의 스펙트럼'이라는 개념을 이용해 좀 더 설명하고자 합니다.

평범한 사람들은 누구나 양심의 스펙트럼 내에서 판단하고 행동해요. 공감능력이 약한 사람도 있고 강한 사람도 있지만 공통적으로 내면의 양심, 그 스펙트럼에 따라 판단하고 행동하죠. 때로는 잘못을 저지르기도 하지만, 가책을 느끼고 반성도 합니다.

반면 소시오패스(사이코패스)는 양심의 스펙트럼 밖에 존재해요. 인간에 대한 애착도 없고 그로 인해 생겨나는 책임감도 의무감도 없어요. 공감능력 자체가 없는 탓에 개선의 여지도 없죠. 양심은 없는데 탐욕까지 갖췄다면 이거 큰일입니다.

불행 중 다행은 이들 중 대다수는 뉴스에나 나올법한 악마적 범죄자가 아니라 그저 양심이 없을 뿐, 우리와 같은 모습을 하고 우리 옆에서 일하고 있는 소소한 소시오패스들이란 점이에요.

대다수의 소시오패스는 그 특질을 온전히 발현시키지 않고 평범한 사람처럼 살아갑니다. 양심은 없지만 이성적으로 판단을 할 수 있기 때문이에요. 비유하자면 '생각하는 하이에나'와 비슷합니다. 태어날 때부터 육식동물로 태어나 초원의 초식동물을 보면 사냥하고 싶은 본능이 발동하지만 조련을 통해 법률과 규칙, 사회성 등을 습득한 탓에 타고난 본능을 잠재우고 평범한 사람처럼 살아갈 수 있게 된 셈이에요. 다만 이들 중 일부는 소소하게 주변 사람들을 괴롭히고 이용하고 거짓말과 기만을 일삼으며 자신의 이익을 위해 평생을 살아갈 겁니다.

생각하는 하이에나를 조심하세요.

이들은 어린 시절부터 남달랐을 겁니다. 이들의 부모는 내 자식이 뭔가 특별하다는 사실을 이미 알아차린 지 오래죠. 공감능력이 제로에 가깝고 제 기분과 욕구, 본능에만 집착하는 아이들은 분명 티가 나요. '어려서 그렇지'라는 범위를 아득히 벗어나 동물을 학대하고 불을 지르고 약한 친구를 괴롭히거나 폭력을 휘두르고 절도를 일삼는 아이들은 분명 평범과는 거리가 멀어요. 이런 아이들을 정신의학계에서는 '품행장애'로 분류합니다.

세상 어떤 정상적인 아이도 다른 아이가 괴로운 것을 보고 즐거워하지 않아요. 동물을 학대하고 상처를 입히고 심지어 목숨을 빼앗으며 쾌감을 얻지 않죠. 이들은 측은지심(惻隱之心), 즉 타인에 대한 애착과 책임감, 의무감을 갖지 않은 양심 결여의 화신이에요.

문제는 이들 '생각하는 하이에나'의 상당수가 기업 현장에 유입되어 활발하게 활동하고 있다는 점이에요. 극단적 이성지능 중심 사회가 이들을 엘리트로 분류하고 우대하는 경향이 매우 높기 때문입니다. 학벌, 자격증 등 스펙에 기반한 현재의 채용 절차로는 머리는 좋지만 양심이 현저히 결여된 문제적 종족들을 효과적으로 걸러내지 못합니다.

이들은 연기에도 일가견이 있어요. 모욕을 주거나 당황스러운 상황을 만들어 반응을 지켜보는 이른바 '압박 면접'에 특히 강합니다. 평범한 감성지능과 공감능력을 가진 이들은 강력한 압박에서 당황하게 마련이죠. 압박 면접이랍시고 비인간적 작태를 드러내는 검증 과정에서 지나치게 자연스러운 사람은 대범하거나 대처를 잘하거나 순발력이 높은 인재가 아니라 양심이 결여된 '생각하는 하이에나'일 가능성이 높아요.

>   이들을 효과적으로 검증하려면
>   먼저 인성면접을 강화하세요.
>   특히 타인에 대한 애착, 감정이입 능력을
>   중점적으로 살펴보세요.
>   긍휼감을 가졌는지, 역지사지하는지
>   확인하고 또 확인하세요.

극단적인 결과지향주의자를 주목하세요. 검증과정에서 놓친 이들은 조직에 들어와 극단적 결과주의자로 옷을 갈아입습니다.

| Emotion |

스마트하고 냉철한 엘리트란 가면을 쓰고 정체를 숨깁니다. 현란한 거짓말과 기만으로 제 의도를 숨기고 포장해 결국 제 이익에 도움이 되는 일만을 수도 없이 양산해요. 비전과 철학이 부재하고 단기적 성과에 매몰된 조직일수록 전략과 작전이라는 명목으로 온갖 협잡과 불법, 탈법을 일삼으며 과정보다는 결과를 내는 데 혈안이 됩니다.

이런 조직과 '생각하는 하이에나'들은 찰떡궁합이죠. 당장 눈앞의 결과를 쏙쏙 뽑아먹으며 뭔가 이뤄낸 것처럼 보이지만 조직 전체 경쟁력은 고사되고 개인의 실력은 정체되어 마치 골다공증 걸린 뼈대처럼 허약한 조직으로 전락하고 맙니다. 한마디로 숲은 보지 못하고 나무만 보는 꼴이 됩니다.

물론 경영에서 결과지향적 관점은 분명 필요합니다. 그러나 지나치면 조직과 개인을 망치는 독이 된다는 사실을 알아야 합니다. 사심이 가득 들어간 극단적 결과지향주의자들의 퍼포먼스는 현란해 보이지만, 그 의도가 무엇인지 조금만 깊이 있게 들여다보면 곧 알게 됩니다. 과연 누구를 위한 결정이었는지, 제도였는지, 시스템이었는지. 그 혜택의 최종 수혜자가 바로 '범인'입니다.

과정 상의 원칙과 규율을 무시하는 일은 다반사고 그 과정에서 누군가 피해를 입거나 억울한 상황에 빠져도 결과를 내기 위해서는 별 수 없다는 자세를 굽히지 않는 사람을 결코 용인하지 마세요. 이런 이들이 주요 정책을 결정하는 직무를 맡으면 돌아오는 건 조직의 파탄뿐입니다.

공감능력, 강화할 수 있습니다.

Sally-Ann test라는 재밌는 실험이 있습니다. 인간이 태어나 만 5세가 되면 스스로의 관점과 타인의 관점이 다를 수 있음을 이해하는 'Perspective taking, 조망수용'능력이 생긴다는 사실을 입증한 실험이에요. 그렇죠. 타인에 대해 감정이입을 할 수 있게 되는 겁니다. 이 능력은 학교에 입학해 더 많은 친구들, 선생님들과 관계를 맺고 상호작용을 하면서 점차 강화됩니다.

> **상황 1.** 샐리와 앤이라는 인형 앞에는 각각 바구니가 놓여있다. 바구니는 천으로 덮여 안의 내용물을 볼 수 없지만 샐리의 바구니에는 구슬이 들어있다.
>
> **상황 2.** 앤은 자리를 비우고 샐리는 자신의 앞에 놓인 구슬을 앤의 바구니에 집어넣는다. 아이는 샐리가 앤의 바구니에 구슬을 넣었다는 정보를 인지한다.
>
> **상황 3.** 다시 제자리로 돌아온 앤. 이때 상황극 연출자가 아이에게 묻는다. "앤은 구슬을 어디에서 찾을까요?"

> **상황 4.** 만 5세 미만의 아이들은 앤의 바구니를 가리킨다. 자신이 구슬이 거기 있다는 사실을 알고 있으니 앤도 알고 있을 것이라고 판단한 것. 만 5세 이상의 아이들은 샐리의 바구니를 가리킨다. 나는 알고 있지만 앤은 그 상황을 보지 못했으므로 자신의 바구니에 구슬이 있다는 사실을 알지 못할 것이라는 상대방 관점의 인식이 생긴 것이다.

문제는 성인이 되고 회사에 들어가 리더의 포지션에 이르렀을 때 생겨요. '수많은 리더들의 공감능력이 왜 어느 날 갑자기 퇴화하는가?'하는 문제의 단서를 저는 여기에서 찾고자 합니다.

'올라선 곳이 달라지면 보이는 것이 다르다'라는 말이 있죠. 일단 현재의 포지션 자체가 자신의 과거 궤적이 성공적이었다는 현실적 증거가 됩니다. 자연히 자신의 관점이 옳다는 확신을 갖게 되고 이 관점이 굳어지면 조망수용 Perspective taking 능력의 퇴행, 즉 타인의 관점과 감정을 이해할 수 있는 능력이 점차 약화되는 것으로 보여요. 이 경우 부하직원들의 의견을 경청하지 않게 되고 자신의 견해가 맞다는 불통이 생길 여지가 커져요.

리더 개인은 스스로의 감정이입 능력에 퇴화가 일어나지는 않았는지 수시로 내면을 점검하고 구성원들의 의견을 경청해야 할 필요가 있어요. 회사 역시 조직문화팀을 통해 리더들의 조망수용 능력 퇴행을 유심히 관찰하고 정기적으로 감정이입 역량을 일깨울 수 있는 프로그램을 만들어 리더들이 학습하고 스스로를 되돌아볼 수 있는 기회를 제공해야 합니다.

무조건 타인의 입장에 맞추라는 말도 아닙니다. 인간으로서 동료로서 타인의 감정을 인정하고 이해하되, 현재 주어진 일과 해결해야 할 과제에 어떤 영향을 미칠지에 대한 이성적 판단도 병행되어야 하죠. 혹자는 이를 인지적 공감이라고는 하지만, 이 역시 극단적일 경우 기계적인, 진정성 없는 형식적 공감으로 비칠 가능성이 높아요.

팀원 중 누군가 감정적 어려움을 겪고 있다면 먼저 인간적 관심을 가지고 충분히 경청하고 이해하려는 노력을 아끼지 마세요, 그다음 현실적 수준에서의 해결방안을 함께 논의하세요. 팀 전체의 유대감은 물론 성과라는 두 마리 토끼를 반드시 잡게 될 겁니다.

| Em_Q5 |

기대만큼 일이 풀리지 않을 땐, 환경이나 타인에 원인이 있다고 느낀 적이 많다.
사회적관계 2 이기주의

한참 동안 MZ가 시끄럽더니 이젠 알파(α)세대가 등장했어요. 이들을 MEMEME, Me first 세대라고도 부르더군요. 그저 '나, 나, 나, 나 먼저!'라는 건데 그 이면에는 '이기적'이라는 부정적 인식이 숨어 있는 듯 보입니다. 하지만 제 생각은 좀 달라요. 좋다, 나쁘다는 가치 판단보다는 '이전 세대보다 개인의 취향, 욕구에 더 집중하는 편이다'라는 해석이 더 타당해 보여요. 나 자신에 대한 건강한 자존감을 세우는 일이라면 바람직하기까지 해요. 합리적 개인주의, 아 그게 더 맞겠네요.

물론 알파세대 모두가 그렇다는 것도 아니에요. 아닌 사람도 있죠. 하지만 대체적으로 공통적인 특징은 있을 수 있어요.

예를 들어 칼 같은 더치페이라든가, 대면보다 SNS를 통해 더 많은 소통을 주고받는다든가, 미래보다는 지금 당장의 삶에 더 집중한다든가 하는 세대 전체를 아우르는 공통 패턴은 분명 있어 보입니다.

인간은 누구나 어느 하나로 규정될 수 없는 스펙트럼에 속한다는 사실을 안다면 무리한 일반화의 오류에서 자유로울 수 있죠. M세대, X세대, 베이비붐 세대라고 MEMEME, Me first가 없는 것도 아니에요. 아닌 척하지만 속마음은 이기적이고 음흉한 인간들은 오히려 더 많을 수도 있어요.

세대, 혹은 특정 집단을 굳이 구분하고 일반화하는 일, 때로는 추켜세우거나 반대로 악마화하는 일. 이 모두가 사실은 어떤 목적을 가진 의도적 노림수임을 이제는 알게 됐어요.

아날로그에서 디지털 시대로, 굴뚝 산업사회에서 지식 산업사회로의 패러다임 전환이 일어나는 와중에 그 과도기를 경험하지 않고 태어나자마자 변화된 시대의 열매를 온전히 누린 세대의 생활, 사고, 행동 양식은 그 이전 세대와는 다를 수밖에 없죠.

이 모든 걸 감안하더라도 Me first, MEMEME라는 수사는 뭔가 마음에 걸려요. 합리적 개인주의를 넘어 자칫 나밖에 모르는 극단적 이기주의, 결과주의로 흐를 여지가 다분하기 때문이에요. 협업과 희생, 양보, 과정의 의미 따위 무형의 가치가 자칫 고리타분한 데다 시대를 역행하는 걸림돌로 간주될 수 있기 때문이기도 해요.

『미국의 민주주의』[12])를 쓴 알렉시스 드 토크빌 Alexis de Tocqueville 은

"개인의 취향이 너무 강하면 개인은 존재할 수 있다. 그러나 사회는 존재하지 않는다. 합의되지 않은 상식이 난무하기 때문이다"

라고 했는데 인간은 가족이든 학교든 회사든 사회에 소속되어 살아갈 수밖에 없는 존재임을 감안하면 개인과 전체 사이에서 최적의 균형을 찾는 일은 그 어느 때보다 중요할 수밖에 없어요.

어쩌면 애덤 그랜트 Adam Grant 의 명저 『기브 앤 테이크』[13])에서 개인과 전체 사이의 황금 균형, 즉 '골디락스 존'을 찾을 수 있을지도 모르겠어요. 애덤 그랜트는 관계에 있어 세 가지 유형이 존재한다고 주장했어요. 바로 Giver, Matcher, Taker_ 주기만 하는 사람, 주고받는 사람, 받기만 하는 사람 정도가 되겠네요.

보통의 사람들은 대개 받는 만큼 주는 Matcher에 가까워요. 가정, 학교, 직장이라는 사회를 거치는 동안 4대 종교 경전의 공통 가르침인 '황금률'을 상식으로 배우고 행동으로 옮기죠. 이렇게만 살아도 평생 별다른 문제없이 그럭저럭 괜찮은 관계를 유지하며 인생을 살아갈 수 있어요. 그런 면에서 Taker와 Giver는 스펙트럼의 양 극단에 속해요. 비주류 소수죠. 상식의 선에서 벗어나는 존재들이에요.

---

12) 은은기(번역), 계명대학교출판부, 2013
13) 윤태준(번역), 생각연구소, 2013

눈여겨봐야 할 존재들이죠.

애덤 그랜트는 직장 내에 성공의 사다리가 있다면 실패의 가장 하단에 Giver들이 위치한다고 주장했어요. '역시, 주기만 하는 사람은 '호구'였어!'라는 인식이 팩트임을 증명한 셈이죠.

그렇다면 성공 사다리의 가장 꼭대기에는 누가 있을까요? 애덤 그랜트는 이 역시 Giver라고 말합니다. '응? 잠깐만. Giver로 살면 성공 사다리의 바닥으로 떨어질 수도 있고 꼭대기에 오를 수도 있다고?' 허를 찌르는 반전.

그 비밀은 바로 베풂을 행하는 대상이 누군가? 하는 점에 있어요. 최소한 받은 것을 되돌려 줄 줄 아는 Matcher 그리고 자신과 같은 부류인 Giver들과 주로 관계를 맺는다면 좋은 평판을 얻고 마침내 그 진가를 인정받아 성공 사다리의 꼭대기에 이른다는 거예요.

반면 받을 줄만 아는 Taker들과 엮인다면 착취의 대상이 되어 '호구'라는 불명예를 쓰고 성공 사다리의 가장 밑바닥으로 추락하고 만다는 겁니다. 자기밖에 모르고 제 이익에 혈안이 되어 타인을 이용하는 데 탁월한 '생각하는 하이에나', 즉 Taker들의 손쉬운 먹이감으로 전락한다는 의미죠.

결국 제 이익에 진심인 Taker들이야말로 진정한 승자인 것일까요? 다행히 이들 역시 자신들에게 이용당한 Giver들과 마찬가지로 성공 사다리의 가장 아랫단에 위치한다고 애덤은 단언합니다.

당장은 알량한 눈앞의 이득을 챙기고 경쟁에서 악착같이 이겨 잘나가는 것처럼 보이지만 곧 그 실체가 드러나기 때문이죠. 사회적 평판이라는 축적의 힘, 상식과 함께 살아가는 이로움의 무게에 이들은 속절없이 무너지고 맙니다.

이는 지능의 문제이기도 해요. 자신의 현재, 주변의 상황, 공기를 읽지 못하는 감성지능의 결여는 때로 치명적인 생존의 위기를 야기해요. 이들은 성공의 사다리 가장 밑바닥으로 추락하면서도 제 탓이 아닌 남 탓, 사회 탓으로 일관하며 누군가를 향한 분노를 표출할 뿐이죠.

이(以)기주의자가 되세요.

누구나 자신을 향한 사사로운 이익으로부터 시작합니다. 최소한의 자기 확신, 자존감, 건강한 개인주의 없이 주체적으로 살아갈 수 없고, 스스로에 대한 확신, 신념, 애정 주변으로 관점을 확장할 수 없어요. 자기 자신도 사랑하지 않고 스스로 행복하지 않은데 타인을 사랑하고 나 아닌 누군가가 행복해지길 바란다는 건 그야말로 가식이고 위선입니다. 우주는 내 중심으로 돌아야 마땅합니다.

인간은 이렇듯 '이기적'인 존재예요. 아니 모든 생명체는 이기적이죠.

『이기적 유전자』14)를 쓴 리처드 도킨스 Richard Dawkins의 주장대로 인간의 삶 그 자체가 자신의 DNA를 후대에까지 전하기 위한 도구일지도 모릅니다. 이타심은 사실상 그 본능을 거스르는 일과 다름없어요. 그런데 세상이 참 재밌어요. 모두가 이기적으로 굴면 조직 전체가 다 같이 무너지더란 말이죠. 겪어보니 나 자신의 사사로운 욕구 일부를 희생하고 타인을 이롭게 하는 행위를 수행하여 내가 속한 조직 전체가 부강해지면 역설적으로 자신이 내려놓은 것들을 두 배 세 배 혹은 그 이상으로 되돌려 받을 수 있더라는 믿음이 생긴 거예요.

결국 서로의 안위가 보장되고 그 안에서 성장이 지속되는 선순환 고리를 만드는 일이야말로 생존에 직결된다는 진리를 깨닫게 된 거죠. 이타심은 결국 다 함께 살아남기 위한 극한 이기심의 다른 표현일지도 몰라요.

자, 여기 이런 리더가 있습니다. 성과가 생겼을 때는 뒤로 물러서서 그 모든 공을 부하직원들에게 돌리지만 반대로 나쁜 결과가 나왔을 때는 먼저 앞으로 나서서 책임을 자처해요. 공이든 실이든 모두 리더인 나로부터 시작된다는 마인드를 가진 사람이죠.

내 내면이 튼튼하고 뭐든 해낼 수 있다는 자신감으로 충만할 때, 비로소 사사로운 이익의 좁은 굴레에서 벗어나 타인과 조직, 어쩌면 더 큰 무언가를 위해 내 진심을 나눌 수 있어요. 바로 이때

---

14) 홍영남, 이상임(번역), 을유문화사, 2023

가 이기심의 본질이 이(利)에서 이(以)로 변하는 순간이에요.

누구나 이기적인 성향을 타고 태어나지만 스스로 그렇다는 가능성을 인지하고 타인과 더불어 사는 방법을 찾고 실천하는 사람과 끝끝내 자기중심적으로만 살아가는 사람. 이 둘은 시간이 흐를수록 관계 속에서 큰 차이를 보일 수밖에 없어요. 전자는 매사 움찔하며 조심하고 스스로의 언행을 되돌려 보려 노력하겠지만 후자는 그럴 필요 자체를 아예 못 느낄 테니 성찰은커녕 제멋대로 살아갈 겁니다.

공(功)은 자기가 챙기고, 실(失)은 누군가에게 떠넘기기 바쁜 사람은 당장은 눈앞의 이익을 취해 승승장구하는 것처럼 보이지만 일정기간 쌓여 형성되는 평판에서는 형편없는 결과를 받아들게 될 테니 결국 지는 게임을 하게 되는 셈입니다.

우리 회사의 리더들, 그리고 동료들은 어떤 이기주의자인가요?

헌신하세요. 그렇다고 헌신짝 되지 않습니다.

#드라마 [미생] 이야기입니다.

영업 3팀 오상식 과장은 선적 과정의 실수로 징계 위기에 처한 김 대리를 위해 불편한 관계인 최 전무를 찾아간다.

"영업 3팀 김동식 대리 징계위원에 대해서...제고해 주시기 바랍니다. 부탁드립니다."

90도로 고개를 숙이는 오 과장, 김 대리는 이 장면을 우연히 목격한다. 이 일 때문이었는지 징계위원회 회부는 취소된다. 오 과장과 김 대리 두 사람은 곱창에 소주 한 잔을 기울인다.

"그냥 놔두지 그러셨어요. 그까짓 감봉 몇 개월 받는다고 회사 잘리는 것도 아니고... 고과야 뭐 승진 좀 늦어지면 어때요."

"아이, 그 짜식 그냥 고맙다 해~"

"과장님이 전무님한테 아쉬운 소리 하시는 거 얼마나 싫어하는지 잘 아니까 그렇죠."

"알면서 하니까 실수인 거야, 같은 실수 두 번 하면 실력인 거고..."

"과장님, 고맙습니다. 그리고 죄송해요."

이런 과장님이 내 상사라면 평생 존경하는 마음으로 곁에 있고 싶을 것 같아요. 압니다. 드라마 이야기일 뿐이고 현실에는 없는 판타지라는 비아냥도요. 그렇지만 분명 현실 어딘가에는 이런 상사가 있을 것이라는 상상을 해봅니다.

아니라면 너무 암울하잖아요.

내게 소중한 사람을 위해서라면 혹여 헌신짝 되더라도 헌신하겠다는 마음을 가진 그런 상사가 왜 없을까요? 아낌없이 주는 기버가 성공의 사다리 꼭대기에 오른다는 계산이 숨어 있더라도 괜찮습니다. 평판이란 것은 한두 번의 이벤트로 생기는 자산이 아니니까요.

그래도 진정성을 가졌다면, 모든 것은 나로부터 시작된다는 이기주의자라면, 그리고 건강한 자존감의 소유자라면 언젠가는 그 속내가 도드라지고 그와 연결된 관계는 더욱 돈독해질 겁니다. 내 이익, 내 체면, 내 성공을 앞세우고 그에 몰두할수록 관계는 멀어지겠죠.

부디, 이(以)기주의하세요.

| Em_Q6 |

**일을 하다 보면 갈등은 자연스러운 일이며,
대화를 통해 풀 수 있다고 생각한다.**
사회적관계 3 갈등

'갈등'하면 어떤 느낌이 먼저 드세요? 분명 긍정적이진 않을 겁니다. 그때 그 인간, 또는 그녀와의 안 좋은 기억이 떠올라 눈살이 절로 찌푸려집니다. 갈등이란 게 그래요. 서로의 의견이 맞지 않아 충돌해 생기는 일이니 마냥 좋을 수만은 없죠. 갈등이 심해지면 불필요한 감정 소모로 이어지고 입장 차이를 좁히지 못해 결국 파국으로 치닫는 일도 잦습니다.

관계의 종류를 가리지도 않죠. 연인이든 친구사이든 회사 생활이든 인간이 만들어낸 모든 관계에서 생겨나요. 심지어 부모 자식 간에도 갈등은 일상다반사입니다.

갈등은 위기 상황에서 더 도드라져요. 평소 잘 지내는 것처럼 보이다가도 막상 위기가 닥치면 서로의 이해관계가 충돌되는 지점에서 그 본색이 드러나죠. 사적, 인간적 교류보다 공적, 경제적 교류를 위해 만들어진 회사에서라면 개인 간, 부서 간 갈등은 피할 수 없는 상수와도 같아요.

특히 '나는 절대로 틀릴 리가 없는 사람'이라고 믿는 거만할 리더들이 득실거리는 조직일수록 갈등은 빈번해요. 자신의 입장, 이익, 욕구만이 앞서는 이기주의까지 더해진다면 아유, 말도 마세요. 어느 한쪽의 일방적 승리로 끝났다 쳐도 남는 건 상처뿐이에요. 회사라는 전체의 합으로 보면 이런 식의 갈등은 반드시 마이너스가 됩니다. 그렇다면 갈등은 아예 없는 게 좋은 것일까요? 이를테면 갈등의 무균실이 있어서 그 안에서만 관계를 맺고 '좋은 게 좋은' 상태로만 유지된다면?

미국의 위대한 투자가이자 헤지펀드 매니저, 브리지워터 어소시에이츠의 CEO인 레이 달리오 **Ray Dalio**는 갈등에 대해 조금 다른 견해를 가진 모양이에요.

> "갈등은 생산적이다. 갈등을 피하려 하지 마라.
> 그리고 논쟁에서 이기려고 하지 마라.
> 내가 틀린 상황은 매우 가치 있는 경험이다.
> 한 가지라도 배우지 않았는가?"라고 말했는데,

라고 말했는데, 이는 갈등이라는 주제를 다루는 수많은 컨설턴트들이 공통으로 주장하는 명제이기도 합니다.

갈등은 양날의 검이에요. 이왕 없앨 수는 없는 기본 값이라면, '어떻게 이 갈등을 활용할 것이냐?' 하는 문제에 골몰하는 게 더 생산적이죠. 갈등을 오히려 기회로 여기고 서로의 입장을 고려해 상호작용할 때, 생각지도 못했던 해결책을 발견해 서로 win-win하는 해피엔딩으로 이어진 증거와 사례는 셀 수 없이 많아요. 혹 실패하더라도 그 과정에서 얻는 통찰 역시 상당하죠.

> **#웹툰 [미생]의 한 장면.**
>
> 미팅 결과가 어떻게 됐는지는 상상에 맡기죠. 상대의 입장에서, 진정성을 가지고 일이 되게 만들 줄 아는 사람이야말로 정말로 무서운 사람이 아닐까 싶습니다.
>
> 영업부장은 재무부장과 대치 중이다. 영업팀에서 올린 업체 선정 기안이 재무팀에 묶여 있는 탓이다. 재무팀은 숫자적으로 부실한 부분이 있으니 이를 채워 넣거나 업체를 아예 교체하라는 입장이다. 영업팀은 이미 업체 검토를 끝냈고 더 이상 대안은 없다고 사정해 보지만 재무부장은 완강하다. 영업팀도 이 건 때문에 발목이 잡혀 일이 진척이 안 된다.
>
> 영업부장은 기분이 상한 채 사무실로 돌아와 오 차장에게 문자를 보낸다.
>
> [자네가 재무팀 부장 좀 만나고 와]

오 차장은 뜨악해하면서도 먼저 재무팀 사람들에게 연락한다.

"김 과장. 난데. 자네 팀 요즘 별일 없나?"

"박 차장, 부장님 요즘 스트레스가 많으시다며?"

몇 차례 통화를 통해 재무부장이 신재생 에너지팀과 갈등 상황이라는 정보를 사전에 입수한다.

미팅룸. 오 차장은 커피 한 잔을 탁자에 놓아두고 재무부장을 맞이한다. 눈앞의 커피를 멀찌감치 밀어내고 맞은편에 앉은 재무부장.

"자꾸 이렇게 졸라 봤잔데…"

"조르다뇨. 그렇지 않습니다."

오 차장은 신재생 에너지팀과의 이슈를 먼저 꺼내며 재무부장의 입장을 거든다. 재무부장은 기다렸다는 듯 이야기를 쏟아내고 오 차장은 경청한다. 중간중간 추임새도 넣고 맞장구도 친다. 한참을 격정적으로 감정을 토로하던 재무부장. 문득 자신이 제쳐둔 커피잔에 시선이 간다. 손을 뻗어 제 앞으로 가져온다. 그러고는 한 모금 마신다.

"음… 맛 좋은데요? 자 그럼 투덜거림은 이 정도로 하고 업무 이야기할까요?"

> "아닙니다. 듣고 보니 저희 역시 이해와 설득에서 좀 서툴렀던 것 같습니다. 다시 준비해서 찾아뵙겠습니다."
>
> "일단 봐요..."
>
> 오 차장은 검토 자료를 건넨다.
>
> "문장이 눈에 들어오네요..."

미팅 후 결과가 어떻게 됐는지는 여러분의 상상에 맡기죠. 어떻게든 일이 되게 만드는 사람이야 말로 정말 무서운 사람이 아닐까요?

갈등을 기회로 만드세요.

'우물 안 개구리'라는 속담이 있죠. 좁은 우물에 처박혀 그 안이 세상의 전부인 줄 알고 살아가는 편협한 사람을 일컫는 걸 모르는 사람이 있을까요? 그런데 돌연 발칙한 의문이 생깁니다. '개구리인 상태로 우물 밖으로 나오는 건 괜찮을까? 굶주린 독수리, 뱀, 오소리들이 득실거리는 바깥 세상에서 세상 물정 모르는 개구리는 과연 살아남을 수나 있을까? 우물 안에 있다는 게 문제가 아니라 개구리인 것이 문제가 아닐까?'라는 물음표.

| Emotion |

갈등은 자신의 세계와 타인의 세계가 충돌하는 일종의 사건이에요. 다행히 그 사건이 무조건적인 파괴의 의미만을 담은 것 같지는 않아 보입니다. 원시지구와 충돌한 외계의 혜성들이 일으킨 화학작용이 생명 탄생의 발원이라는 과학적 가설을 감안하면, 갈등으로 인한 사회적 충돌은 좁은 공간에 갇혀 있는 개구리와 같은 존재의 시야를 넓히고 궁극적인 변화를 일으키는 원천이 될 수도 있으니까요. 말하자면 갈등을 포함한 관계의 희로애락은 타인과의 상호작용을 통해 나 자신의 내면과 외연을 확장하는 일이죠.

언젠가 내 연인과 친구와 혹은 동료와 갈등이 생긴다면 관점을 긍정적으로 바꿔서 생각해보세요. 상대가 왜 나와는 다른 생각을 하게 되었는지, 그 지점은 어디인지 탐구하고 들여다볼 기회가 생긴 거니까요.

마중물을 먼저 넣고 기다려 보세요.

현역 시절, 리더급 워크숍을 주최하면서 '마중물 세션'으로 이름 붙인 사전 프로그램을 진행한 적이 있어요. 당시 회사는 '생존'의 위기에 내몰린 상태였어요. 의사결정자의 잘못된 투자 결정으로 생긴 금융비용으로 인해 고착화된 구조적인 문제와 때마침 불어닥친 중국발 위기로 7년 연속 대규모 적자를 기록했죠. 그 피해는 현장 리더들과 일반 구성원들에게 고스란히 전가됐어요. 수 차례의 구조조정으로 인력난도 심해졌죠.

리더들의 책임은 늘고 권한은 대폭 축소되었다며 볼멘 소리를 냈습니다. 회사가 망가진 책임을 경영진들이 아닌 자신들에게 떠넘긴 조치라며 반발했어요. 사사건건 회사와 경영진에 날을 세웠고 경영진을 대신해 실무를 맡은 인사, 조직문화팀 등 지원조직과도 불화했어요. 회사＝경영진＝인사팀(사무직)이라는 인식 속에 '우리'와 '그놈들'로 나뉘어 서로를 반목했고 부서 이기주의는 극에 달했죠.

현장에서 직접 회사의 오더를 실행해야 하는 조직문화팀 입장에서는 마치 전전긍긍 살의를 품은 적대국과의 전선에 나가는 일처럼 느껴지기도 했어요. 겉으로는 서로 웃고 넘겼지만 뒤에서는 쌍욕을 뱉기 일쑤였지요. 회사의 제도와 정책, 메시지와 조직문화적 활동들에 영(令)이 서지 않고 표류했어요. 패배주의, 냉소, 불신, 보신주의, 부서이기주의는 위험 수위에 달했죠.

그런 상황에 리더십 과정을 진행하라니? 암담했지만 허를 찌르기로 했어요. 먼저 마음껏 불만을 털어놓도록 판을 깔아준다!는 의미에서 '마중물 세션'이라 이름 붙이고

1. 회사에 대한 불만
2. 리더십을 발휘하는 데 있어 가장 큰 장애요인
3. 당장 회사와 경영진에 바라는 바를
   자유롭게 발언하도록 했어요.

| Emotion |

무려 두 시간. 리더십 전체 과정 총 8시간 중 1/4을 마중물 세션에 배정했죠. 여기서 나온 모든 의견은 익명으로 전달되고 그 어떤 불이익도 없을 것임을 약속했어요.

"그냥 두고 보려고 했는데, 회사가 이렇게 하면 안 되는 거죠... 이왕 판이 깔렸으니 속 시원히 한번 말해봅시다. 어디..."

여전한 불신의 눈초리로 머뭇거리고 말을 아끼던 리더들은 누군가의 첫 발언을 시작으로 속속 불만들을 털어놓기 시작했어요. 두 시간이 넘도록 회사와 경영진의 잘못을 조목조목 지적하는 성토가 이어졌지요.

저는 아무런 제지도 하지 않고 모든 이야기를 묵묵히 듣고 때로는 맞장구도 치며 그들의 편에서 서려고 노력했어요. 계획된 두 시간이 훌쩍 지나도록 열기는 식지 않았고 강제로 쉬는 시간을 부여하기 전까지 브레이크 없는 자동차처럼 질주했죠. 결국 휴식 시간 이후 30분의 시간을 추가로 배정하기까지 했어요.

"그래요. 뭐 회사도 경영진도 좋아서 그랬겠습니까?"

휴식 후 이어진 세션의 분위기는 거짓말처럼 뒤바뀌었어요. 누구의 눈치도 보지 않고 마음껏 속마음을 털어놓은 리더들은 마침내 마음을 조금 열고 앉은 자세부터 달라졌어요. 얼굴을 붉히며 목청을 높이던 그들이 차분해졌지요. 그렇다면 이제부터 어떻게 하면 좋을지, 건설적 대안들을 내놓기 시작했어요.

아주 작은 관점의 전환. 그들의 속마음부터 듣겠다는 '마중물'이 기대 이상의 변화를 이끌어낸 셈이죠. 물론 그 세션 한 번으로 모든 문제가 일거에 해결되고 회사와 현장의 사이가 급격히 좋아졌을 리 없어요. 여전히 회사와 현장은 삐걱댔고 대립과 갈등은 한동안 이어졌죠. 그러나 자신들의 이야기를 들으려 한다는 진정성이 조금이나마 마음에 닿는 순간 적대감은 조금 누그러지고 약간의 우호적 시선마저 얻을 수 있었어요.

내 요구를 먼저 내세우고 강하게 주장할수록 이미 틀어진 관계에서는 반발심리만 더 커지게 마련이에요. 외려 원하는 것에서 더 멀어질 뿐이죠. 자신이 바라는 바가 명확한 상황에서 대뜸 자신의 요구부터 들이미는 상대가 곱게 보일 리 없어요. 여기서 밀리면 손해라는 대결 양상으로 치달으면 어떻게든 맞받아치려는 저항력만 커질 뿐입니다. 상호작용이 아닌 극한 대립의 끝은 대개 Win-win이 아니라 Lose-lose의 새드 엔딩 Sad ending이 되고 말아요.

먼저 마중물을 붓고 기다려보세요. 누군가 어렵게 입을 열기 시작했다면, 혹여 전혀 동의하지 못하는 이야기라도 일단 묵묵히 경청하세요. 그들이 다 털어놓고 나면 그때 비로소 마음의 빗장이 열리고 본심이라는 저 깊은 곳 지하수가 콸콸 쏟아져 나올 테니 말이에요.

SENSE OF SAFETY

SENSE OF BELONGING

Environment

MEET의 세 번째는 환경구축입니다.

이는 크게 심리적 안전감과 소속감으로
이루어집니다.

안전감
- **E1.** 일을 하는데 방해되거나 몰입을 저해하는 요소가 없다.
- **E2.** 조직 내에서 필요한 정보와 메시지는 정확하고 시의적절하게 전달되는 편이다.
- **E3.** 회의석상이나 공적자리에서 이견이나 아이디어를 말할 때 별다른 제약없이 자유롭다.

소속감
- **E4.** 우리 팀의 업무 분배는 각 팀원의 역량과 역할에 따라 적절히 이루어져 있다.
- **E5.** 내 리더는 실패에 책임질 줄 알고 성과는 양보할 줄 안다.
- **E6.** 우리 팀원들은 개개인의 목표와 성과보다 팀 전체의 목표와 성과를 우선시 한다.

우리가 발 디디고 살아가는 땅은 무조건 안정적이어야 합니다. 표면이 고르지 못하고 경사가 급하거나 시도 때도 없이 지진과 산사태가 일어난다면, 그 위에 집을 짓고 사는 건 상상도 하기 어렵습니다. 숨 쉬고 생명을 유지하는 데 필수적인 공기와 물, 이 역시 오염되지 않은 맑고 깨끗한 상태여야 하죠. 우리는 또한 사회적 동물이므로 주변과의 관계 역시 일종의 환경에 속합니다. 삶에 있어 우리를 둘러싼 유무형의 환경에 대한 중요성을 새삼 거론할 필요가 있을까요?

직장인에게 회사는 환경 그 자체입니다. 최신식 건물에 통창 너머로 한강이나 청계천이 내려다보이고 음이온과 산소가 뿜어져 나오는 쾌적한 사무공간, 안마 기구가 놓이고 실내 정원처럼 가꿔진 쉼터, 특 1급 호텔에 버금가는 맛있는 음식을 선보이는 구내식당 등을 유형 Visible의 환경이라고 한다면, 소통, 리더와 동료 관계 등은 무형 Invisible 환경이라고 볼 수 있겠죠.

당연히 유무형의 환경 모두 중요합니다. 환경이 일단 안정돼야 구성원들은 심리적 '안전감'과 '소속감'을 갖고 자신의 일에 몰입할 수 있기 때문이죠.

유형 Visible의 환경은 앞서 살펴본 외적 동기요인과 큰 틀에서 유사하기에 여기에선 무형 Invisible의 환경을 중심으로 이야기할까 합니다. 이는 어떻게 하면 구성원들에게 심리적 안전감을 줄 수 있느냐? 그 상태로 팀십까지 이어져 시너지를 낼 수 있느냐? 하는 문제로 귀결됩니다.

CEO부터 이제 막 들어온 신입사원까지, 영향력의 크기에는 차이가 있을 수 있지만 우리는 모두 서로에게 영향을 주고받습니다. 저는 리더십을 한마디로 '영향력'이라고 정의합니다. 어떤 대상에게 어떤 방식으로든 영향을 미칠 수 있다면, 지위나 연차에 상관없이 그 사람은 리더입니다. 자기 자신에게 영향을 미칠 수 있다면, 그것이 바로 셀프 리더십 Self-leadership 입니다. 영향력을 가진 사람은 그 존재만으로도 타인에게 하나의 '환경'이 됩니다. 결국 중요한 건, 어떻게 하면 부정적인 영향력을 줄이고 긍정적인 영향력을 넓힐 수 있을까 하는 고민입니다.

구글은 2012년부터 4년간 약 250여 개 팀을 분석해 '가장 성과가 뛰어난 팀은 어떤 특성을 가질까?'에 대한 답을 찾는 프로젝트를 진행했어요. 이름하여 '아리스토텔레스 프로젝트'

4년간의 관찰과 분석 끝에 그들이 내놓은 결론은 우리의 예상과 상식을 완전히 빗나갔어요. 뛰어난 인재? 엄청난 보상? 선명한 목표? 아뇨. 최고의 팀, 탁월한 팀을 만드는 1순위는 바로 '심리적 안전감 Psychological safety'이었어요. 그다음으로는 신뢰, 조직구조의 투명성, 일의 의미 등이 뒤를 이었는데요. 이 역시 우리가 알고 있던 기존 상식과는 다소 거리가 있어요.

『최고의 팀은 무엇이 다른가』[15]를 쓴 대니얼 코일 Daniel Coyle 또한

"당신은 이곳에서 안전하다. 소속 신호는 늘 경계 태세에 있는 두뇌를 향해 위협을 느끼지 않아도 좋다는 메시지를 전하고, 두뇌는 이에 반응해 교류 모드 Connection mode 로 전환한다. 심리적 안전이라 불리는 상태로 접어드는 것이다."

라고 말했는데요. 심리적 안전감이 최고의 팀을 만드는 핵심 요소임을 다시 한번 확인해 줍니다.

문제는 역시나 리더에요.

『두려움 없는 조직』[16]의 저자 에이미 애드먼슨 Amy C. Edmondson 은

"리더가 마치 모든 정답을 안다는 듯이 군림하는 분위기에서는 그 누구도 문제를 제기할 수 없다. 반면 겸손과 호기심을 바탕으로 무엇이든 배우려는 리더와 함께라면 구성원은 자연스럽게 안정감을 느끼고 더 많은 아이디어를 제시하게 된다."

라고 말했는데, 일터라는 환경 조성에 절대적인 리더의 역할을 재차 강조합니다.

『그들은 왜 사무실을 없앴을까』[17]를 쓴 브라이언 앨리엇 Brian Elliott 역시 이렇게 말했어요.

---

15) 박지훈, 박선령(번역), 웅진지식하우스, 2022
16) 최윤영(번역)·오승민(감수), 다산북스, 2019
17) 박소현(번역), 한국경제신문, 2023

> "사실 창의력에 영향을 주는 건 심리적 안전감이다. 자기가 속한 팀이 위험을 기꺼이 감수하려 하고, 팀원들에게 편하게 도움을 요청할 수 있는 분위기일 때 창의력을 더 발휘할 수 있다."

재밌는 사실은 심리적 안전감이 높은 팀일수록 실패 빈도가 오히려 더 높게 나타나는 경향이 있다는 점입니다. '엥? 그건 나쁜 거 아냐?' 싶지만, 전혀 그렇지 않습니다. 심리적 안전감이 낮은 조직에서는 질책이나 불이익에 대한 두려움 때문에 실패를 감추려는 경향이 크고, 이로 인해 문제 상황이 쉽게 드러나지 않기 때문입니다. 결국 작은 실패들이 축적되며 더 큰 실패로 이어질 위험이 커지는 거죠. 일종의 시한폭탄을 안고 가는 셈입니다.

반면, 심리적 안전감이 높은 조직은 사소한 실패라도 즉각적으로 공유되고 표면화됩니다. 이는 적시에 문제를 인식하고 효과적으로 대응할 수 있는 기회를 만들어주며, 실패를 개선할 가능성 또한 높입니다. 그러니 표면적으로는 실수, 실패가 잦은 것처럼 보일 수 밖에요. 일종의 예방주사를 맞는 셈이죠. 조직내 활기가 넘치고 아이디어가 샘솟는 효과는 덤입니다.

왜 구글의 아리스토텔레스 프로젝트에서 고성과 조직의 첫 번째 요인으로 '심리적 안전감'을 도출했는지 이해가 가는 대목입니다. 밑MEET의 세 번째 키워드, Environment 환경을 구축하러 떠나보시죠.

| En_Q1 |

일을 하는 데 방해되거나 몰입을 저해하는 요소가 없다.
안전감 1 몰입

회사의 연말은 묘합니다. 기업의 크기나 규모, 비즈니스 영역에 관계없이 이런저런 소문이 돌고 분위기는 붕 뜨죠. 연말 이벤트 때문이에요. 빠르면 11월 중순부터 들썩이기 시작합니다. 대부분의 업무가 10~11월 실적을 중심으로 결산이 이루어지고 연말 분위기로 넘어갑니다. 그 결과에 따라 연간 평가, 승진, 조직개편, 인사발령도 이어지죠.

신년이 시작돼도 어수선하기는 마찬가지예요. 연말 이벤트 후 폭풍은 여전합니다. 조직개편으로 새로운 사람이 들고 나면서 그에 적응하느라 또 한두 달이 후딱 지나갑니다. 변화가 큰 조직은 큰 대로 작은 조직은 작은 대로 주변 환경에 휩쓸리기 마련이죠.

붕 뜬 조직이 안정화되고 본격적으로 일이 돌아가기까지 어수선한 과도기는 꽤나 길게 이어집니다. 11월부터 2월까지, 조금 과장하면 거의 반년에 가까운 시간을 혼란스러운 분위기 속에서 보내는 셈이에요.

일을 좀 할만하면 꽃 피는 봄이 오고 가정의 달이라는 5월에 접어듭니다. 무슨 날은 왜 그리 많은지 하나하나 챙기다 보면 짧은 봄과 함께 한 달이 훅 갑니다. 본격적으로 더위가 시작되면 여름휴가 시즌에 접어들면서 또 한 번 분위기가 들썩이죠. 사실상 직장인의 일이란 게 1년의 삼분의 일 이상이 이 모양인 거예요.

그렇다면 하루 일상은 어떨까요?

오전 9시. 출근하면 일단 탕비실로 향합니다. 커피를 내리거나 믹스 커피를 타거나 티백을 우립니다. 마주친 동료들과 지하철 빌런, 널뛰는 주식시장, 아파트값 따위에 대한 가벼운 잡담이 이어집니다. 자리에 돌아와 PC를 켭니다. 간밤의 일을 대충 훑고 메일함을 열어 미응답 메일을 처리하고 메신저로 누군가에 말을 걸거나 답합니다. 오전 업무 미팅은 있을 때 있고 없을 때도 있어요. 팀장님이 사장실에 불려갔다 오면 '빼박'입니다. 그러는 사이 오전이 다 가죠. 곧 점심시간이네요. 11시 30분쯤부터 엉덩이가 들썩입니다. 직원식당이 있지만 인트라넷에 올라온 메뉴를 보니 좀 별롭니다. 뭘 먹을까? 외식을 하기로 합니다. 근처에 새로 생긴 텐동집으로 정합니다. 대기줄이 길어서 이르면 40분, 늦어도 50분쯤에는 식당으로 향합니다. 식사를 마치면 커피 한 잔, 담배 한 대는 국룰이에요.

13시. 오후 일과가 시작되지만 아, 어쩌나, 이제 슬슬 졸려요. 괜히 일어서서 복도를 어슬렁거리거나 메신저로 잡담을 합니다. 그래도 안 되면 2차 담배타임, 티타임으로 시간을 죽입니다. 정신 차리고 업무에 집중할만하면 또 미팅이에요. 펼쳐둔 노트에 낙서를 끄적이다 보면 한 시간이 훌쩍 지납니다. 생각해 보니 이 미팅에는 왜 참석했나 싶어요. 자리로 돌아와 미뤄둔 업무 파일을 들여다보지만 이미 흐름이 끊겨 손에 잡히지 않습니다. 시계를 보니 이런, 5시가 훌쩍 넘었네요. '내일은 또 내일의 태양이 뜨니까'라고 중얼거리며 퇴근을 준비합니다.

> 직장에서의 하루, 한 달, 일 년이 이런 식이라면
> 온전히 자신의 일에만 몰입 가능한 시간은
> 대체 얼마나 될까요?
> 일하는 시간의 절대량은 세계 1, 2등을 다투지만
> 시간당 생산성은 세계 최하위에 머무는 이유를
> 이제야 알 것 같습니다.
> 당최 기본적으로 일에 집중력을 발휘해
> 몰입을 하려야 할 수 없는
> 구조와 환경이 아닌가 싶어요.

이 정도로 놀라지 마세요. 권위의식에 쩔은 임원, 꽉 막힌 리더, 도무지 닮고 싶지 않은 선배, 잰체하는 동료, 같은 실수를 반복하는 폐급 신입 등 진짜 몰입을 방해하고 결국 회사를 떠나게 만드는 본질적 원인인 인간관계 이야기는 아직 꺼내지도 않았어요. 어쩌면 오늘날 회사 조직 그 자체가 업무의 몰입과 집중을 위해 만들어진 게 아닐지도 모른다는 의심이 들 정도예요.

어쩌면 우리는 지독한 함정에 빠졌는지도 모릅니다. 하루하루 바쁘게 움직이고 뭔가 열심히 산 것 같은데 정작 아무것도 남는 게 없는 껍데기 같은 일상이라는 직장인 라이프의 함정 말이죠.

만화 『드래곤볼』을 보면 '시간과 정신의 방'이라는 신비한 장소가 나옵니다.

문을 열고 들어가면 끝없는 무(無)의 공간이 펼쳐집니다. 중력도 지구보다 더 세서 서있기도 힘들어요. 단, 충분한 음식과 휴식 공간은 제공됩니다. 그 어떤 방해도 없이 먹고 마시고 쉬면서 원하는 바 목적을 달성하기 위한 수련이 가능한 환상의 공간이에요. 무엇보다 매력적인 건, 이 안의 1년은 바깥세상의 하루와 같다는 점이에요. 아 정말이지, 이런 곳이 실제로 있다면 얼마나 좋을까? 하루치의 노력을 했을 뿐인데, 1년의 효과를 볼 수 있다니.

지금의 나라면 1년이고 2년이고 무조건 들어갈 텐데 싶습니다.

| Environment |

지금으로부터 수십년도 전에 등장한 '시간과 정신의 방'이라는 개념은 지금 생각하면 참으로 놀라운 발상이에요. 오늘날 코로나 팬데믹을 겪고 재택근무라는 신세계를 접한 이후 유연하고도 탄력적인 '시간과 공간'이라는 환경이 개인의 집중력과 몰입에 얼마나 중요한 요소인지 비로소 깨닫게 됐으니 말이죠. 이 얼마나 시대를 앞서간 발상입니까?

물론 현실에서는 구현 불가능한 만화적 발상이지만, 어쩌면 이 작품의 작가 도리야마 아키라(鳥山明)는 인간이 어떤 상황에서 고도로 집중할 수 있는지, 그 몰입이 어떻게 인간의 잠재력을 폭발시키는지 그 본질을 꿰뚫고 있었던 천재가 아니었을까 싶어요.

몰입을 위한 시간과 공간을 꼭 마련해주세요.

수능을 앞둔 고3 교실 주변에 공사장이 있다고 가정해 보자고요. 수업 시간 내내 공사소음이 울려 퍼지고 드릴의 진동이 바닥과 벽을 강타하고 먼지가 날아다닌다면, 제아무리 수능을 코앞에 두고 공부에 올인하려 마음을 굳게 먹은 모범생일지라도 온전히 공부라는 행위에 집중할 수 없을 겁니다.

지금 우리 회사의 업무 환경은 어떻습니까? 시간을 내어 찬찬히 관찰해보세요. 7성급 호텔처럼 세련된 인테리어, 수백만원에 달하는 사무용 가구와 IT기기들이 갖춰진 최고의 사무공간은 아닐지라도, 업무를 물리적으로 방해하는 장애요소는 없는지 직접 체감해보는 것이 중요합니다. 눈에 보이지 않는 무형의 환경은 또 어떻고요? 활기와 열정으로 가득 차 보이지만, 실제로는 혼란과 번잡스러움으로 꾸며진 분위기는 아닌지, 매의 눈으로 짚어내야 합니다.

물론 돈을 잔뜩 들여 파티션 뜯어내고 요즘 유행한다는 개방형 사무실로 당장 바꾸라는 말도 아닙니다. 자칫 보여주기식 쇼잉이 될 가능성이 크기 때문이에요. 실제 구성원들의 업무 몰입에 도움이 되는지 그 본질과는 상관없이 누군가의 실적 쌓기에 이용될 여지만 커집니다.

『뇌를 읽다』[18]의 저자 프레데리케 파브리티우스 Friederike Fabritius는 이렇게 말했어요.

> "외향적인 직원들은 새로운 디자인을 아주 좋아했지만, 내향적인 사람들에게 그런 구조는 살아있는 악몽과 다를 바가 없었다. 거의 순식간에 내면에 집중하는 직원들은 방어적으로 자신의 성향에 맞게 주변 환경을 바꾸기 시작했다."

'이렇게 해주면 좋아하겠지? 그러면 열심히 일하겠지?' 머리가 굳은 경영진의 일방적 선심은 그들의 생각대로 작동하지 않을 가능성이 매우 높습니다. 아량을 베푼다고 생각할 테죠. 하지만 별

---

18) 박단비(번역), 빈티지하우스, 2018

반응 없는 구성원들의 태도나 제자리걸음인 연말 성과를 보고 이렇게 분개할지도 모릅니다.

'아니, 회사에서 이렇게 너희들을 배려했는데 왜 변하는 건 아무것도 없어!'

구성원들에게 직접 물어보세요. 일에 몰입을 방해하는 요소가 무엇인지 묻고, 작은 것부터 하나씩 실제로 제거해보세요. 그리고 무엇보다, 집중을 위한 시간과 공간을 따로 마련해 주는 것이 중요합니다.

창의적 아이디어는 '확산'과 '수렴'을 거쳐 구체화되고 현실화됩니다. 확산을 위해서는 열린 공간과 자주 마주치는 충돌의 지형이 필요하지만, 수렴의 단계에서는 아이디어를 연결하고 정리할 수 있는 '닫힌 공간'과 '깊은 시간'이 반드시 필요합니다.

직장은 Battle field가 아니라 Play Ground여야 합니다.

"회사는 전쟁터, 밖은 지옥."

저는 이 말이 참 싫습니다. 이왕이면 전쟁터 말고 놀이터에서 일하면 안 될까요?

감시하고 제제하고 지시하고 오늘 이기지 않으면 내일 죽는다고 겁주고 위협하면 이거 뭐 위축되고 무서워서 뭐라도 하겠어요? 스스로 판단하고 행동하고 그 결과에 대해 책임질 줄 아는 자율적 존재로 대우받을 때 일은 비로소 재밌어집니다. 동료와의 협업도 가능해지고 잠재력을 마음껏 발휘해 성장할 수 있습니다. 아이들도 그렇게 대우받으면 스스로 잘합니다. 하물며 우리는 다 큰 성인이잖아요.

내가 다니는 직장이 남을 죽이지 않으면 내가 죽는 전쟁터에 가깝다면 심리적 안전감 따위가 있을 리 없습니다. 이런 곳에는 창의성, 협력, 성장 따위가 끼어들 틈이 없죠.

이 그림을 한번 보죠.

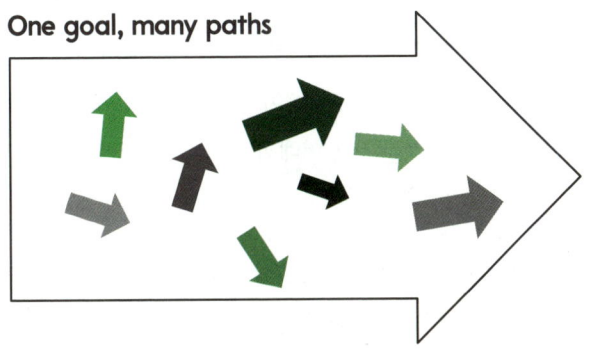

회사와 리더는 비전과 미션, 그리고 핵심가치라는 방향, 규율과 규칙, 일하고 소통하는 방식이라는 테두리만 그려주면 됩니다. 그 안에서는 누구나 자율성과 개성, 그리고 자신의 능력을 마음껏 발휘할 수 있어야 합니다.

스스로 질문을 던지고, 답을 찾고, 성과를 내고, 그에 대한 적절한 보상을 받는 것—그게 진짜 자율입니다. 각자가 자신의 의지와 적성을 바탕으로 잠재력을 펼치고, 관계를 맺으며 협업할 때 조직 안에서는 자연스레 시너지가 생깁니다. 좋은 의미의 화학작용, 바로 그 순간이죠.

스스로 판단하고 행동해서 나온 결과라면, 실패 역시 자기 몫입니다. 남 탓, 회사 탓할 필요가 없습니다. 성공이든 실패든, 그 모든 과정이 결국 '성장'입니다. 이것이 바로 '어른' 직장인이 진짜 일하는 방식입니다.

ROWE Result Only Work Environment 는[19] 업무의 결과에만 초점을 맞추는 근무 환경을 의미합니다. 이 방식은 직원들이 어디에서, 언제, 또는 어떻게 일하는지에 얽매이지 않고 오직 그들이 달성한 성과에 따라 평가받는 제도입니다.

이는 직원들의 자율성과 책임감을 높이고, 업무 만족도와 생산성을 향상시키는 것을 목표로 합니다. 자신의 역량, 잠재력을 최대로 끌어올려 믿기 힘든 성과, 효율성, 생산성을 낼 수만 있다면 '어디에서 언제 어떻게 일한들 무슨 상관?'이라는 마인드가 필요합니다. '사장인 내 눈에 일하는 모습이 보여야 안심'이라는 집착은 이제 버릴 때가 됐어요.

---

[19] 2003년경, 미국의 대기업인 Best Buy(가전제품 소매업체)에서 처음 도입

개입을 해야 하는 순간이 있다면 선을 벗어나거나 반대 방향으로 움직여 모두의 에너지를 상쇄하게 만드는 움직임이 있을 때뿐입니다. 이런 환경에서라면 우리 구성원들은 마치 놀이터에서 노는 것처럼 안전감을 느끼고 즐겁게 몰입하며 일할 수 있습니다. 자연히 시간당 생산성도 올라갑니다. 야근? 그런 거 없어도 일 잘 돌아갑니다.

물론 매일 야근하고 주말에도 출근하는 사람이 대접받던 시절도 있었죠. '근면성실'로 평판의 절반은 먹고 들어가는 인재상은 이제 버릴 때가 됐어요. '오래버티기'가 일 잘하는 사람의 기준으로 작동하는 순간, 서로 속고 속이는 전쟁터로 회귀하거나 실속은 하나도 없는 가짜 노동을 일삼는 월급 루팡들만 양산해내게 될 테니까요.

이런 사람들은 핵심 인재가 아니라, 오히려 주변 사람들에게 괜한 강박을 유도하고, 쓸데없는 주의력 낭비를 유발하는 썩은 사과로 분류되어야 할지도 모릅니다. 적은 시간을 쓰고도 같은 성과를 낼 수 있는 사람이야말로, 새로운 시대의 진정한 인재로 인정받아야 마땅합니다.

회사는 이제, 어떤 사람이 진정한 인재인지를 고민하고, 그렇게 정의된 진짜 인재들을 높이 평가하고 합당한 보상을 통해, **Right person**을 제대로 증명해야 합니다.

반면 쓸데없이 오래 일하는 사람을 조직의 적으로 규정하고, 질보다 양으로 승부하려는 음험한 시도에 브레이크를 걸어야 합니다. 주어진 시간 내에 제 역할을 완수해 내지 못하고 야근을 자처하는 사람을 무능력자로 냉정히 분류해야 합니다. 필요하다면 해고를 포함한 강력한 패널티로 조직 내에 메시지를 분명히 해야 합니다.

회사는 서로 죽고 죽이는 전쟁터 **Battle field**가 아니라 즐겁게 몰입하고 협력하며 성장하는 놀이터 **Play ground**가 되어야 마땅합니다.

| En_Q2 |

조직 내에서 필요한 정보와 메시지는 정확하고 시의적절하게 전달되는 편이다.

안전감 2 소통

소통 참 어렵죠. 저마다 소통 활성화를 외치지 않는 회사가 없지만, 당최 소통이 잘되고 있다는 증거는 찾아보기 힘들어요. 지금 우리 회사의 소통은 어떻습니까? 사무실에서, 회의실에서, 보고 자리에서 말은 좀 통하나요?

우리가 겪는 소통의 본질적인 문제는 소통이 뭔지 잘 모른다는 데 있습니다. 원활한 소통? 수평적 소통? 그게 당최 어떤 메커니즘으로 이뤄지는지 제대로 아는 사람이 드물어요. 스스로 잘 안다고 생각하지만 막상 실제 상황에서 정의를 내려보거나 적용해 보라고 하면 턱하고 막히기 일쑤죠.

소통(疏通)의 사전적 의미[20]는 이렇습니다.

1. 막히지 아니하고 잘 통함
2. 뜻이 서로 통하여 오해가 없음

---

20) 네이버 국어사전

다 아는 거잖아? 이거 모르는 사람이 있어? 싶겠지만 곰곰이 따져보자고요. 우리는 대개 소통하면 1번의 의미에 치중하는 경우가 많아요. '잘 통하지 않아 문제'라고 합니다. 인체로 치자면 혈관 구석구석 피가 잘 돌지 않는 경우죠. 혈관 자체의 문제일 수도 있고 어딘가에 경화가 생겼을 수도 있어요.

우리가 소통 문제에서 흔히 놓치는 건 의외로 2번이에요. 통하긴 통하는데 왜곡되는 문제. 중요한 정보와 메시지들이 모종의 이유로 수시로 변질되어 조직 내에 흐르는 경우죠. 어쩌면 우리가 겪는 진짜 소통의 문제는 바로 부정확한 정보, 메시지의 유통에 있는지도 몰라요.

그다음 문제는 사람입니다. 앞서 살펴본 꽉 막힌 리더들이 언로, 즉 정보가 흘러야 하는 중요 지점 곳곳에 자리 잡고 있다면 마치 혈전처럼 정보의 경화가 발생할 수밖에 없어요.

Top에서 '로뎅'으로 이야기한 것이 중간 지점에서 '오뎅'이 되고 저 밑 말단 지점에는 아예 전달이 되지 않거나 어찌어찌 도달했더라도 '덴뿌라'로 변질되는 일들이 비일비재해지는 이유. 그게 다 중요한 길목 요소요소에 위치한 '사람'때문입니다.

동료, 부하직원과의 불통도 있지만 직속 상사와의 그것만큼 본격적이고 중대하지는 않죠. 강약약강. 강한 사람에게는 약하고 약한 사람한테는 강한, 천성이 이기적이고 권력지향적인 데다 성과를 위해서라면 수단과 방법을 가리지 않고 급기야 사람을 도구로 이용하는 데도 서슴지 않는 이들이 생각보다 많아요.

단순 불통 정도면 그래도 견딜만한데, 인신공격과 욕설 등 모욕적 언사를 서슴지 않는 문제적 종족들이 많다면 큰일입니다. 이들은 조직의 심리적 안전감을 뿌리째 뒤흔들고 좋은 인재들을 떠나게 만들어 회사의 장기적 성과와 성장에 큰 해를 끼치는 원흉임이 틀림없어요.

인간은 만 5세가 되면 다른 사람의 관점에서 생각해 볼 수 있는 조망수용 Perspective taking, 즉 감정이입 능력이 생긴다고 했습니다. 애초에 이 기능이 선천적으로 결여된 감정불능자가 전체 인구의 약 4~5%나 된다고도 배웠습니다. 우리에게 욕설을 퍼붓고 인신공격을 서슴지 않는 무례한 리더들의 대다수는 아마도 이들 종족일 가능성이 높습니다.

문제는 원래는 안 그랬는데, 리더가 되면서 돌변한 평범한 사람들이 훨씬 더 많다는 데 있어요. '높은 자리에 오르면 보이는 게 다르다'라는 말이 있죠. 평소 부하직원들과 소통도 잘되고 잘 어울리던 사람이 직책을 맡은 순간 마치 다른 사람이 된 듯 돌변하는 경우를 흔히 봅니다. 공식적인 직책이 주어지면 개인의 자질과 태도, 의지 같은 평소의 가치관이 조직의 생리에 직접적으로 도전받기 때문입니다.

뇌과학, 심리학 등 학계에서도 '높은 자리에 오를수록 공감 능력은 떨어지고 윤리성과 도덕성은 옅어지지만 자기 확신은 올라간다'는 사실을 입증하고 있어요. 지금의 위치 그 자체가 지난 행적의 성공을 보여주는 '증거'로 작용해 내가 맞다는 '인지편향'이 강해질 수밖에 없어요.

『두려움 없는 조직』[21]의 저자 에이미 에드먼슨 Amy Edmondson 은 이를 소박한 실재론 Naive realism이라고 정의한 바 있습니다. '내 생각이 곧 다수의 상식'이라는 착각. 큰 성공을 거둔 사람일수록, 높은 자리에 오른 사람일수록 내 생각이 곧 '세상의 이치'라고 믿게 되는 것이죠.

이들은 더 이상 자신보다 낮은 위치의 사람들과의 소통을 깊이 있게 고민하지도 않아요. 무엇보다 오랜 기간 조직에 동화되면서 자기 자신에 대해 잘 모르게 되어버린 탓도 큽니다.

팀 역할 연구의 대가 매러디스 밸빈 Meredith R. Belbin은 자신의 저서 『팀이란 무엇인가』[22]에서 이렇게 말한 바 있어요.

> "우리가 기업계에서 만난 문제 있는 사람들은 대개 자신을 제대로 몰랐다. 그들은 주위 사람들이 약점으로 꼽는 것을 오히려 자신의 장점으로 보았다. 이러한 착각에서 나온 행동은 자신과 주위 사람들에게 어려움을 주었다."

---

21) 최윤영(번역)·오승민(감수), 다산북스, 2019
22) 태훈(번역)·이상진(감수), 라이프맵, 2019

조직의 공식적인 리더가 되면 기대역할의 성격 자체가 바뀝니다. 이제 개인이 아닌 조직 전체로 평가받게 되죠. 부하직원들은 더 이상 동등한 인격체이자 함께 성장할 파트너가 아니라, 내 실적을 뒷받침해 줄 자원이자 도구로 재설정됩니다. 인간적 관계나 의리, 성취감, 보람 등 이전까지의 가치는 조금씩 뒷전이 되고 자신의 목줄을 쥔 사람에게 잘못 보였다간 잃을 게 훨씬 커진다는 조바심을 덤으로 얻어요. 자연히 초점은 인사권자에게 쏠리고 그들의 의도와 오더에 적합한 일을 하는 데 온 힘을 기울이죠.

'올라선 자리가 달라지면 보이는 것 역시 달라진다'라는 말이 나온 이유예요.

라포 Rapport 부터 만드세요.

라포[23]는 두 사람 이상의 관계에서 상호신뢰관계가 형성된 상태를 말하는 심리학 용어예요. 이른바 '이심전심'은 라포가 형성된 친밀한 관계에서만 만들어지죠. 같은 팀이라도 라포가 생기기 전이라면 소통은 대개 무미건조하게 일어납니다.

공적 관계에서 최소한의 정보 교환만 이루어지는 정도로는 진정한 의미의 소통이 될 수 없어요.

---

23) 위키백과

"회사가 동호회냐?"라고 호통칠 일도 아닙니다. 인간적으로 화기애애한 분위기에서 일하면 안 된다는 법이라도 있나요? 회사도 엄연히 사람들이 모여 만든 집단인 만큼 인간적 유대감은 무엇보다 중요합니다.

팀 내 라포 형성에 가장 중요한 것은 역시나 리더예요. 높은 자리에 오를수록 두려움을 갑옷처럼 칭칭 두른 장수가 되어야 합니다. '내 귀에 캔디' 높은 자리에 오를수록 듣기 좋은 말만 들려오는 상황을 경계하세요. 뭔가 잘못되어가고 있다는 신호니까요.

우리는 그 누구든 100% 완벽한 사람일 수 없어요. 아무리 경험 많고 능숙한 사람일지라도 허점이 있고 실수를 하게 되어있어요. '나는 완벽하다'는 리더의 착각만큼 조직 전체를 송두리째 위험에 빠뜨릴 불안요인도 없습니다. 스스로 알아차릴 수 있다면 좋겠지만 높은 자리에 올라 자의식에 도취된 상태라면 대부분 내가 뭘 모르고 실수하고 놓쳤는지 알 수 없게 됩니다. 그때 필요한 건 주변 사람들, 그중에서도 부하직원들의 용감한 '쓴소리'뿐이에요. 어디선가 그 쓴소리가 들려온다면 외면하고 눈감기 보다는 반색하고 고마움을 표하세요.

소통, MRI 찍듯 세분화해서 들여다보세요.

그다음은 쌍방향 소통 입니다. '알아서 하겠거니' '내 뜻을 알아들었겠거니' 섣부른 단정은 라포가 생긴 이후라도 위험합니다. 말하지 않으면 몰라요. 우리는 초코파이가 아니니까. 의심이 든다면 다시 한번 물어보고, 못 알아듣는 눈치라면 정확히 알아들었는지 묻고 거듭 확인해야 합니다. 100번을 말했더라도 모두에게 정확하게 전달되지 않았다면 소통된 게 아니에요.

'수평적 소통' 표어나 포스터는 당장 떼 버리세요. 백날 붙여놓고 떠들어 본들 손톱만큼의 변화도 생기지 않습니다. 그런 일에 엄한 인풋 쏟을 시간에 다음의 세 가지 관점을 세심하게 들여다 보세요.

1. 조직 내 소통채널은 제대로 갖춰져 있는가?
2. 생성된 정보와 메시지는 왜곡 없이 적시적소에 효과적으로 도달하는가?
3. 어느 지점에서 소통의 경화와 병목이 생기고 있는가?

1번의 솔루션은 명확하고 간단합니다. 조직의 형태를 갖췄다면 기본적인 소통 체계는 만들어져 있을 겁니다. 조직구조, 직급 체계가 바로 그것입니다. 지나치게 복잡하거나 이중삼중의 옥상옥 구조만 아니라면 그런대로 돌아갑니다. 필요하다면 내부 익명 게시판 활성화, 정기적인 경영층과의 대화 등을 추가해 소통 구조의 다양화를 꾀하세요. 마치 항공사진을 보듯 전체를 먼저 조망하고 그다음 부분부분 세밀하게 관찰하면서 조직을 입체적으로 알아 나가는 겁니다.

회사 내부에서 할 말 다 하게 하세요. 사장님 귀는 당나귀 귀라고 말해도 모른 척하세요. 언로를 막으면 밖으로 튈 뿐입니다. 경쟁사에 유출되면 치명적일 1급 기밀이 아닌 이상 그냥 내버려두세요(사실 그 정도 가치의 1급 기밀이 얼마나 될까요?).

진짜 문제는 2번, 3번이에요. 소통에서 정보의 왜곡과 경화를 일으키는 것은 대체로 사람이죠. 그중에서도 소통 체계의 중요지점에 위치한 리더들이에요.

위에서 들은 메시지를 아예 전달하지 않거나 뒤늦게 전달하면 이는 경화가 됩니다. 메시지를 자기식대로 해석하거나 제대로 듣지도 않고 대충 어림짐작으로 전달하면 왜곡이 되고요. 이런 경우는 우리 주변에 흔합니다. 리더들은 바빠서, 자신만의 생각이 너무 강해서 등의 이유로 메시지를 취사선택하거나 필터를 씌워 재해석하곤 합니다.

메시지를 전달받으면 그 진위를 명확히 인지한 후 자신의 의견을 붙이지 않고 있는 그대로 전달해야 합니다. 중요한지 아닌지 판단은 그다음이에요. 팩트만 전달된 상태로 구성원들과 함께 그 진의를 논의하세요.

'조-하리의 창 Jo-Hari's window'는 인간의 소통 메커니즘을 '나 자신에 대한 스스로의 인지'와 '나에 대한 타인의 인지'라는 두 개의 축을 기준으로 네 가지 형태로 구분해 보는 효과적인 도구예요.

조하리의 창

	자신이 아는 부분	자신이 모르는 부분
다른 사람이 아는 부분	열린 창 Open area	보이지 않는 창 Blind area
다른 사람이 모르는 부분	숨겨진 창 Hidden area	미지의 창 Unknown area

열린 창의 영역 Open area 에 위치한 사람이라면 소통에 별다른 문제를 겪지 않습니다. 나도 알고 너도 알고 대체로 투명한 소통이 가능하죠. 불통 문제를 겪는 조직의 리더들은 대부분 '보이지 않는 창 Blind area' '숨겨진 창 Hidden area' 두 영역에 위치해요.

보이지 않는 창 Blind area 은 맹점 Blind spot 영역이라고도 불리는데 여기에 속한 리더들은 '독불장군형', 즉 남의 이야기를 잘 듣지 않고 제 의지대로 밀어붙이는 유형이죠. 좋게 보자면 카리스마가 있고 나쁘게 보자면 두려움을 야기하는 리더형이에요. 주변인들이 자신에 대해 수군대지만 본인에게는 좀처럼 들려오지 않아요.

뭐가 문제인지 본인만 몰라요.

| Environment |

숨겨진 창 **Hidden Area** 은 마스크 **Mask spot** 영역이라고도 불리는데 여기에 속한 리더들은 음흉해요. 좀처럼 자기 자신을 드러내지 않고 주변 사람들은 그에 대해 무슨 생각을 하고 있는지 알 수 없는 '위험한' 사람으로 인식되기 쉬워요. 공식적인 관계 외에 사적 영역에 대해 아는 바가 거의 없고 관계는 늘 피상적이고 깊이가 없죠.

맹점 **Blind Spot** 유형이라면 일단 입을 막고 들으세요. 스스로 말하기와 듣기의 비중이 어느 정도 되는지 수시로 체크하세요. 20:80 비율이면 이상적이겠지만 하다못해 50:50은 지키세요. 상대를 미지의 기회로 여기세요. 내가 가지지 못한 것은 무엇인지, 처음 발견되는 것은 무엇인지를 탐사하겠다는 마음으로 상대의 이야기를 들으세요.

마스크 **Mask Spot** 유형이라면 술 먹고 한 번 망가지세요. '아, 저 사람도 나름의 고민과 아픔, 상처가 있는 사람이구나'를 보여주는 겁니다. 늘 진중하고 무겁고 실수 없는 완벽한 사람이어야 한다는 강박은 사람을 더 각박하게 만듭니다. 세상에 그런 사람이 어딨어요? 누구나 실수하고 고민이 있고 상처와 약점을 가지고 사는 겁니다.

취약점을 드러내세요.

괜찮습니다.

| En_Q3 |

회의석상이나 공적자리에서
이견이나 아이디어를 말할 때 별다른 제약없이 자유롭다.
안전감 3 Risk Taking

회의실, 우리의 모습은 어떤가요? 활발하게 내 의견을 말하고, 이건 아닌데 싶으면 제동을 걸기도 하고 시끌벅적 에너지가 넘치는 편인가요? 아니면 뭔가를 말하려다가도 '내가 맞나?' '이렇게 말해도 되나?' 스스로 되묻고 결국 '괜히 나서지 말고 가만히 있자' 입을 다무는 편인가요?

네, 그렇죠. 대부분은 후자에 가까울 겁니다.

학습된 무기력. '나 하나 나선다고 바뀌는 건 없어'라는 합리화와 자기검열이 만연합니다. 호미로 막을 일을 가래로도 못 막는 일이 종종 터지는 이유입니다.

이게 다 쓴소리는 듣기 싫고 단 소리에만 반응하는 윗사람들이 만든 결과물이에요. 음으로 양으로 바른말을 하면 찍혀서 쫓겨난다는 믿음을 대대로 이어온 탓이죠.

| Environment |

마냥 비겁하다고 욕할 수도 없어요. 인간은 사회적 동물이고 소속감, 일체감을 본능으로 타고 났으니 말이에요. 무리, 집단에서 소외되는 일은 생존과도 직결되는 문제이므로 집단 전체의 의견에 홀로 튀는 일에 대한 두려움은 어쩌면 당연한지도 모릅니다.

'좋은 게 좋은 거' '가만있으면 중간은 간다'라는 무적의 논리, 사회 전반에 여전히 뿌리 깊은 이런 인식은 종종 조직을 심각한 위험에 빠뜨리기도 합니다. 정당한 비판과 문제 제기도 못하는 판에 어려운 과제에 도전하고 실패해도 두렵지 않다며 '닥돌'하는 용자는 사실상 없어요.

이쯤 되면 '쉬쉬하는 문화, 적당히 덮고 넘어가는 문화가 정말 조직에 도움이 될까?'라는 본질적 질문을 던지지 않을 수 없어요. 왜 우리는 눈앞에 보이는 문제도 제대로 지적하지 못하고 전전긍긍해야 할까요? 왜 벌거벗은 임금님을 보고도 벌거벗었다고 말하지 못할까요?

다행인지 불행인지 내부의 진실이 원활히 유통되지 않고 리더들의 눈을 가리는 조직 치고 롱런하는 케이스는 찾아보기 힘들어요. 가려진 진실 속에 조직이라는 선박이 고객의 니즈라는 거대한 빙산을 들이박고 내부 구성원의 불신이라는 균열로 이어져 침몰하기 일쑤거든요. 그 안에 속한 개인의 안전이야 말할 필요도 없어요. 빈대 잡으려다 초가삼간 태우는 꼴이에요.

#웹툰 [미생]의 한 장면

오상식 차장은 전무가 지시한 중국 사업을 받아 추진하다 문제를 발견한다. 이른바 '꽌시'의 규모가 상식선을 벗어났다고 판단한 것. 오 차장은 부장을 찾아가 문제제기를 하지만, 대수롭잖다는 태도로 일관한다. 오히려 진짜 사업은 그다음 건인데 인사로 끝낼 일을 왜 빨리 처리하지 않냐며 닦달한다. 오 차장은 업무를 지시한 전무와의 면담을 요청한다. 오 차장은 재무제표를 근거로 이의를 제기한다.

"꽌시의 규모, 제가 용인할 수 있는 수준을 넘어섰습니다."

전무는 모든 것을 이미 알고 있다는 듯 역시나 대수롭지 않다는 표정으로 못 박는다.

"그래, 너도 알고 나도 알고 부장도 아는 그 재무제표. 그럼에도 불구하고."

업무 책임자로서 스스로 감당할 수 있는 상식선을 넘어선 부분에 대한 정당한 이의 제기를 전무는 단 한마디로 묵살한다.

"너 이 일 얼마나 했냐? 한 십몇 년 했냐?"

"…"

"나, 28년째야 이 회사, 이렇게 성장한 회사야."

이 미팅의 결과는 나름 권선징악적입니다. 전무의 일 처리 스타일에 대한 내부 제보로 이 건은 그룹 차원의 감사를 받게 되죠. 오 차장의 지적대로 '회사에서 용인 가능한 수준을 벗어난' 관시가 입증되면서 사업은 무산되고 맙니다. 전무는 징계를 받고 한직으로 밀려나죠.

"결과로 보여주려고 했는데"라며 회한의 감정을 토로하는 전무. 결과만 좋다면 과정이야 어떻든 문제가 없다는 태도는 여전히 위험해 보입니다. 만약 결과가 나빴다면 어땠을까요? 일을 추진했던 영업 3팀이 총알받이가 되어 모든 책임을 떠안고 사내 정치 놀음의 뒤안길로 사라졌을지도 몰라요.

상식과 데이터, 관계된 사람들의 동의가 아닌 직위와 파워만으로 일을 처리해 나가는 리더, 그런 힘의 논리가 통용되는 조직, 이런 일터에서 위험을 무릅쓰고 직언하며 실패를 두려워하지 않고 도전하는 직장인이 있을 리 없죠.

해봐서 안다고 하지 마세요.

완벽한 인간은 없습니다. 아무리 높은 자리에 올랐다고 해도 모든 것을 아는 사람은 없죠. 소박한 실재론은 자신이 경험하고 바라본 것이 세상의 전부라고 믿는 좁은 시야를 말합니다. 소박한 실재론이야 말로 소통 문제를 일으키는 리더들이 빠지기 쉬운 편향입니다. 더 심각한 건, 그런 편향에 빠졌다는 사실조차 스스로 인식하지 못한다는 것입니다.

어제의 정답이 오늘도 정답일 거라는 믿음은 위험합니다. 실력뿐 아니라 운이 작용한 결과였다는 겸양을 잃는 순간, 위기는 반드시 찾아옵니다. 세상은 지금, 그 어느 때보다 빠르게 변하고 있습니다. 변화는 Fit → Misfit → Refit으로 순환합니다. 고이면 반드시 썩게 마련이죠. 10년을 했든, 20년을 했든, 앞으로 무슨 일이 벌어질지는 누구도 예측할 수 없습니다.

물론, 오랜 경험에서 나오는 성공과 실패의 축적은 책으로는 배울 수 없는 귀한 통찰을 안겨줍니다. 숫자와 데이터로는 다 설명되지 않는 개인의 '감'이 결정적인 순간에 위력을 발휘하는 것도 사실이죠. 하지만, 오직 '감'이 최종 판단의 기준이 되는 순간, 독단이 고개를 들기 시작합니다.

> 주변의 우려, 데이터의 경고를 무시한 채
> "나는 이 방식으로 성장했어.
> 저것들은 아무것도 몰라."

라며 밀어붙이는 순간, 대형 사고는 이미 시작되었는지도 모릅니다.

| Environment |

그 앞에서 경력 1년, 3년, 5년 된 직원들은 입을 닫습니다. 과거의 성공이 아무리 찬란하고 교과서적이라도, 그 방식이 미래에도 그대로 통할 거라는 보장은 없습니다. 결국 우리는 다시, 원점에서 시작해야 합니다.

"마이크로소프트 CEO 사티아 나델라는 말합니다."
Don't be a know-it-all, be a learn-it-all.

알고 있다는 태도가 아니라, 배우려는 태도가 우리를 앞으로 이끌 것입니다.

생산적 실패와 소모적 실패로 구분해 대응하세요.

조직의 실패는 두 종류로 나뉩니다.

허용되어서는 안 되는 '소모적 실패' vs 배움의 기회로 삼는 '생산적 실패'. '소모적 실패'는 지양하고 페널티를 적용해야 하지만, '생산적 실패'는 장려, 보상해야죠.

'소모적 실패'는 규정과 절차, 최소한의 의무를 이행하지 않는 데서 일어나는 실패예요. 담당자의 부주의, 게으름, 열정 부족, 책임의식 부족 등에서 비롯되죠. 이런 실패가 발생하면 마땅히 페널티를 줘야 합니다. 심각한 결과를 초래한 소모성 실패에 대해서는 해고까지도 고려해 본보기로 삼을 수 있어야 합니다.

'소모적 실패'는 교육과 마인드셋, 구체적인 지침과 시스템 개선, 보완으로 예방이 가능해요. '생산적 실패'는 이전까지 시도해 보지 않았던 새로운 관점을 허용하고 과감하게 도전하는 과정에서 발생합니다. 도전 과정 자체를 기록하고 역순으로 추적함으로써 실패의 원인을 찾고 통찰을 얻는 기회로 작용했다면 성공 못지않은 성과로 볼 여지가 큽니다.

실패를 두려워하지 않고 도전하는 문화를 만들고 싶다면 '생산적 실패'와 '소모적 실패'를 명확히 정의해 조직 전체에 공표하고 제도와 시스템으로 추후 조치를 현실화해야 합니다.

팀 단위로 '생산적 실패' 가능성을 담은 도전적 과제의 종류와 비중을 배분하고 그 결과에 대해 추적, 피드백 하는 절차를 공식화해야 합니다. 도전의 결과 성공하면 그 자체로 좋고, 실패하더라도 그 원인과 Lessons learned을 도출해 명문화하면 그 과정 자체가 하나의 지적 자산이 됩니다.

이런 사이클이 반복해서 이행되고 성공이든 실패든 그 결과물이 데이터로 축적될 때 조직의 구성원들은 '소모적 실패'와 '생산적 실패'를 구분해 과감히 도전할 수 있게 됩니다. 물론 도전적이라는 범위 역시 사전에 협의되어야 합니다.

고리 던지기 게임을 생각하면 간단합니다. 고리를 던질 목표물이 너무 멀면 포기하게 되고, 너무 가까우면 재미가 없죠. 실현 가능성이 51% 정도라면 해볼 만합니다. 그 범위와 기준을 정하는 과정은 회사의 사정과 문화에 따라 다르겠지만 그 자체로 의미가 있습니다. 우리 회사가 말하는 도전적 과제의 정체가 무엇인지 구성원 모두 깊이 생각해볼 수 있는 계기가 되기 때문입니다.

도전적 목표에 대한 실패라고 해서 무조건 용인된다는 뜻도 아닙니다. 그 과정에서 무엇을 배웠는가? 하는 Lessons learned이 없다면 소모적 실패와 다를 바 없어요.

도전적 과제야말로 실력과 운이 따르는 일입니다. 미지의 길이기에 불확실성을 깔고 갑니다. 개인이 통제할 수 없는 영역, 즉 운도 작동한다는 말입니다. 실력만 믿을 수도 없고 운에 맡길 수만도 없죠. 이때 필요한 건 통제 가능한 일은 무엇이고 운에 맡길 일은 무엇인지 명확히 구분하는 일입니다. 할 수 있는 선에서 최대한 촘촘히 과업을 계획하고 충실히 실행하는 일이죠.

이런 과정을 거쳤을 때, 실패에도 명분이 생깁니다. 혹 성공에 이르지 못하더라도 생각지도 못한 전리품을 얻을 확률 역시 높아집니다. 브리콜라쥬 Bricolage 는 이것저것 시도해 보는 과정에서 우연히 습득하게 된 노하우나 통찰, 기술 등을 뜻하는데, 당장은 필요 없어 보이지만 일단 개발해두면 언젠가는 유용하게 쓰일 뜻밖의 소득을 얻게 되었을 때도 쓰입니다.

구글을 포함한 다수의 빅테크 기업들이 이른바 '실패 파티' 혹은 '실패 수당'을 전략적으로 시행하는 이유예요. 다만 그런 과정을 거쳤음에도 같은 유형의 실수, 실패가 재차 발생하면 그때는 첫 번째 유형의 '소모적 실패' 범주로 간주하고 강력한 페널티를 부여해야 합니다. 실패로부터 배운 것이 없다는 증거일 테니 말이죠. 한 번은 실수지만, 두 번은 실력입니다.

"새로운 도전! Risk taking!"을 백날 외쳐봤자 되돌아오지 않는 메아리가 되는 이유는 두려움 때문이에요. 말 한마디 꺼내는데도 행여 찍히거나 불이익을 받을까? 하는 걱정이 앞서 머뭇거리게 되는 문화라면, Risk taking은커녕 '좋은 게 좋은 거'라는 체념 속에 납작 엎드린 복지부동만 판을 칠 뿐이죠.

이제는 말뿐인 도전이 아니라, 실패를 구분하고 의미를 부여해주는 구조적 뒷받침이 필요합니다. 실패를 논의해도 괜찮은 분위기, 실수를 자산으로 전환하는 시스템, 그리고 그 전환의 과정을 모두가 공유하는 조직 - 바로 그런 조직이야말로 진짜로 도전할 수 있는 조직입니다.

| En_Q4 |

우리 팀의 업무 분배는
각 팀원의 역량과 역할에 적합하게 이루어져 있다.
소속감 1 팀십

아리스토텔레스는 말했어요.

"전체는 부분의 합보다 크다."
The whole is greater than the sum of its parts.

개인적으로 '팀은 어떻게 구성되어야 가장 큰 성과를 낼 수 있을까?'에 대한 답을 찾는 시작점이 되었죠.

반면 삼성의 이건희 회장은 이렇게 말했어요.

"한 사람의 천재가 10만 명을 먹여 살린다."

여기서 두 가지 의문이 들었어요.

먼저는 천재란 과연 어떤 사람일까? 하는 궁금증이 생겼습니다. 당장 스티브 잡스 Steve Jobs 나 일론 머스크 Elon Musk 같은 기업가들이 떠올랐지만 이들은 지극히 특수한 사례에 가까워요. 지구상에 이런 사람이 얼마나 더 있겠어요? 이건희 회장의 한국식 천재와는 거리가 멀다 싶었죠. 우리가 알고 있는 한국식 천재란 바로 '학벌 좋고 스펙 좋은' 전통적인 엘리트상에 가깝습니다.

급격한 양적 성장의 시대에 이미 도출된 정답을 효율적으로 외워서 적시에 찾아내는 데 특화된 '한국식 천재'는 분명 필요했고 그간 나름의 역할을 해왔어요. 이건희 회장의 삼성그룹이 재계 1위가 된 데는 다 그만한 이유가 있을 겁니다.

그런데 세상이 급격히 변했죠. 생성형 A.I, 로봇, 빅데이터 등 기술 혁신이 현실화되고 3년여간의 코로나 시기를 거치면서 직장인들은 완전 재택근무 등 전혀 새로운 형태의 일하는 방식을 직접 경험했어요. 자연히 '이전처럼 일해도 되는 걸까?'라는 본질적 의문도 커졌죠. 삼성전자를 포함한 우리 기업들이 대단한 성장을 이뤄냈지만, 세계시장에서는 기껏해야 카피캣에 머무는 결정적 이유가 '구시대적 엘리트론에 젖어 구태를 답습하고 있기 때문은 아닐까?' 하는 우려도 생깁니다.

두 번째는, 정말 천재 한 사람이 10만 명을 먹여 살리는 걸까? 라는 궁금증이에요. 스티브 잡스, 일론 머스크 등 이견의 여지가 없는 천재들은 10만 명이 아니라 전세계 수십억 인구를 대상으로 자신들의 상품, 서비스를 통해 직간접적 영향을 주고 있죠.

그런 관점에서라면 이건희 회장의 '천재론'은 어딘가 모호하고 부족합니다. 오늘날 인터넷의 발달로 비즈니스 국경이 사라진 지 오래고, 기업 규모나 의사결정 구조를 보면, 개인의 역량과 관계없이 수만 명 규모의 집단에 영향력을 미치는 사람들은 어렵지 않게 찾아볼 수 있거든요. 이들이 인류 전체에 지대한 영향을 미치거나 삶의 형태를 완전히 뒤바꿔 버리는 '게임 체인저'급 천재라고 보기에는 아무래도 무리가 있어요. 어느 한 사람의 영향력 보다는 조직의 규모나 시스템이 기업을 움직인다고 보는 것이 더 설득력 있습니다.

재밌는 건 그 스티브 잡스조차 자신의 업적이 혼자만의 성과라고 여기진 않았다는 겁니다.

잡스는 생전 CBS '60분 쇼'에 출연해 이렇게 말했어요.

> "내 사업모델은 비틀스와 같다. 비틀스는 서로의 부정적인 성향을 보완해 주는 네 명의 멤버로 구성되어 있다. 네 명의 어우러짐으로, 전체는 부분의 합보다 강력할 수 있었다. 이것이 내가 사업을 보는 방식이다. 위대한 사업은 결코 한 사람에 의해 진행되지 않는다. 사람이 모인 팀에 의해서만 가능하다."

그 어떤 경영자보다 독선적인 데다 범접할 수 없는 천재성으로 애플 Apple이라는 초거대 기업을 쥐락펴락했던 스티브 잡스가 이런 말을 했다니 선뜻 믿기지 않습니다. 단순히 겸손을 가장한 립 서비스였을까요? 애니메이션 제작사 '픽사 PIXAR' 인수 과정에서 보여준 그의 태도를 보면 그렇지도 않아요. 잡스 자신은 애니메이션 분야를 잘 모른다는 이유로 공동창업자인 애드 캣멀 Adwin Catmull과 존 라세터 John Lasseter 두 사람에게 전권을 위임해 힘을 실어주고 일체 간섭을 하지 않았죠. 그 결과 픽사는 뛰어난 창의성을 발휘해 승승장구 최고의 애니메이션 제작사로 거듭났습니다.

『팀이 천재를 이긴다』[24]의 저자 리치 칼가아드 Rich Karlgaard 역시 이렇게 말했어요.

> "전 세계 기업인들이 공통적으로 잘못 생각하는 것이 있다. 사람들은 기업인 리더, 트렌드 세터 한 사람의 영향력에 너무 크게 의존한다. 경영진과 투자가들은 천재적 인재를 과대평가하고 천재적 팀은 과소평가하는 경향이 있다."

동기부여 전문가로 유명한 대니얼 코일 Daniel Coyle 역시 자신의 저서 『최고의 팀은 어떻게 만들어지는가』[25]에서

> "높은 성과와 최고의 호흡을 자랑하는 팀이 만들어지는 과정에서 뛰어난 지능이나 폭넓은 경험은 큰 역할을 하지 않았다. 오히려 책상의 위치와 거리가 긴밀한 관계가 더 유효하다."

라고 말했는데, 이쯤 되면 이건희 회장의 명언(?)은 '그때는 맞았고 지금은 틀렸다'라고 볼 수밖에 없겠네요.

---

24) 김성남, 오유리(번역), 틔움출판, 2017
25) 박지훈, 박선령(번역), 웅진지식하우스, 2022

| Environment |

적어도 좋은 학벌과 뛰어난 지능은 좋은 팀을 만드는 데 있어 필요조건일 수 있지만 충분조건은 아님이 자명합니다. 문제는 이를 충분조건이라고 착각하는 회사와 경영진들이 여전히 많다는 점이에요. 팀이, 조직 전체가 저성과와 침체의 구렁텅이로 빠지는 이유는 바로 이런 착각에서 비롯되고 있는지도 모릅니다.

이를 뒷받침하는 연구도 있죠. 헨리 경영대학의 매러디스 밸빈[26] Meredith R. Belbin과 연구팀은 '최고의 팀'을 주제로 수십 년간 모의 경영게임과 기업 내 사례적용을 통해 팀역할, 팀십을 연구해 왔어요. 밸빈과 연구팀은 사전 진단을 통해 가장 높은 지능을 가진 사람들로 '아폴로 팀'을 구성하고, 이를 평범한 팀과 비교 분석했습니다. 아폴로팀이 최고의 성과를 낼 것으로 예상했던 초기 가설과는 달리 일관되게 중하위권의 결과를 낼 뿐이라는 사실을 포착하고 이를 '아폴로 신드롬'이라 이름 붙였죠.

밸빈과 연구팀은 서로 너무 잘난 나머지 타인의 의견을 경청하지 않을뿐더러 사사건건 자신의 주장이나 견해를 굽히지 않는 독불장군형 구성원의 난립, 그로 인한 팀십 부재를 '아폴로 팀'이 부진한 핵심 요인으로 들었어요. 1+1=3이 아니라 1+1=-1 이 된 형국이죠.

밸빈과 연구팀은 약 30여 년에 걸친 연구와 실험, 데이터의 축적을 통해 팀 구성원의 면면만으로 팀 성과를 일관되게 예상해 낼 수 있는 경지에 도달했어요. 이들 연구팀이 팀의 성공과 관련해

---

26) [팀이란 무엇인가], 매러디스 벨빈, 라이프맵, 2012

발견한 최후의 통찰은 '평균 이상의 지능을 가진 사람들이 모였다면 개인의 성향과 태도, 타고난 자질 등에 기반한 역할 잠재력을 파악하고 그에 근거해 균형 잡힌 역할 구성을 할 수 있는가'라는 점이었어요. 우리 기업들이 인재를 정의하고 선발하고 배치하는 방식을 감안하면 아찔한 인사이트가 아닐 수 없어요.

팀 구성은 철저히 전략적이어야 합니다.

리치 칼가아드는 『팀이 천재를 이긴다』[27]에서 또 이렇게 말했어요.

> "팀은 조직의 성공과 행복을 좌우한다. 그럼에도 사람들은 종종 팀의 중요성을 등한시한다. 팀은 대부분 운, 우연, 혹은 상황에 맞추어 조직된다. 철두철미한 계획하에 조직되는 경우가 드물다… 위대한 팀은 우연히 조직되지 않는다."

이렇게 중요한 팀 구성, 우리는 어떻게 하고 있을까요? 사실상 복불복이죠. 그저 첫인상이 좋아 보여서 뽑기도 하고, 학교와 전공만 보고 결정하기도 합니다. 신입을 요청하는 부서장의 이유라는 게 어처구니없을 만큼 개인적인 경우도 부지기수죠.

채용은 인재 확보의 첫 단추와도 같습니다. 그런데 그 단추, 우리는 제대로 꿰고 있을까요? 채용공고에는 분명 희망부서, 혹은

---

27) 김성남, 오유리(번역), 틔움출판, 2017

지원 분야가 명시되어 있죠. 구직자들은 당연히 자신의 전공과 관심사에 적합한 분야를 찾아 지원합니다. 일반 사무직군의 경우라면 경영이나 경제 등 상경계열이 유리해요. 물론 개중에는 어디든 일단 붙고 보자라는 심정으로 묻지마식 지원을 하는 경우도 많아요. 내가 원하는 직무에 배치되느냐는 그 다음 문제예요.

이런 사정이다 보니 막상 합격 후 최초 지원분야와는 엉뚱한 부서로 가는 경우도 흔해요. 마케팅을 지원했는데 영업팀으로 간다든가, 영업팀을 지원했는데 총무팀으로 가기도 합니다. 어느 부서에 TO **Table of organization**가 있느냐가 먼저예요.

막상 회사 일이란 걸 접해본 경험이 없으면 내 적성에 맞는지 안 맞는지도 당장은 알 길이 없어요. 그 안에서 실제 수행하는 직무 역시 성격마다 조금씩 다르므로 일단 주어진 일을 받아 적응하기 바빠요.

회사 입장도 크게 다를 바 없어요. 일반 사무직은 전문성이랄 것도 없습니다. 대기업조차 일반 사무직의 업무는 시간이 지나 숙련 수준에 이르면 누구나 무난히 해낼 정도의 일이 대부분이에요. 팀 멤버를 구성할 때도 적성이나 전공 등을 엄격히 적용하는 일은 드뭅니다. 팀은 대체로 복불복, 혹은 팀 리더 개인의 호불호 인상에 의해 구성되곤 하죠. 어쩌면 일 못하는 팀과 개인의 탄생은 이런 무작위적 팀원 배치에서 비롯되는지도 모릅니다.

매러디스 벨빈은 가장 뛰어난 팀을 구성하려면 전략적이어야 한다고 단언합니다. 팀 안에서 개인의 역할은 총 9가지로 분류되는데, 뛰어난 팀은 이 9가지 역할이 균형 있게 배분되었을 때 만들어질 수 있다고 말합니다.

이 9가지 역할 Role 은 크게 4개 카테고리로 분류됩니다.

- **안정된 외향형** : 협력과 연계가 중시되는 분야. 영업, 인사 등
- **불안한 외향형** : 일이 빠르게 진행되고 다른 사람에게 압력을 가하는 분야. 현장감독, 영업. 편집 등
- **안정된 내향형** : 오랫동안 소수의 사람과 좋은 관계를 유지해야 하는 분야. 행정, 기획, 회계 재무 등
- **불안한 내향형** : 창의성과 자율적인 끈기가 요구되는 분야. 연구자나 전문가 등

벨빈과 연구팀은 강조합니다. 먼저 개인에 대한 면밀한 관찰과 분석으로 적정 역할을 파악하고 전략적으로 균형 있게 팀 구성을 할 때 팀십은 최대화 되어 원하는 성과에 이를 수 있게 된다고 말이죠.

단순히 출신학교와 학점, 영어점수 등 데이터만으로는 알 수 없는 진짜 역량, 예컨대 적성과 강점, 약점 등 숫자 이면의 모습을 들여다보고 어떤 조합일 때 최대의 시너지가 날 수 있는지 고민하는 작업이 선결되어야 할 것입니다. 팀은 우연히 만들어지는 게 아니라, 만드는 겁니다. 전략적으로.

| Environment |

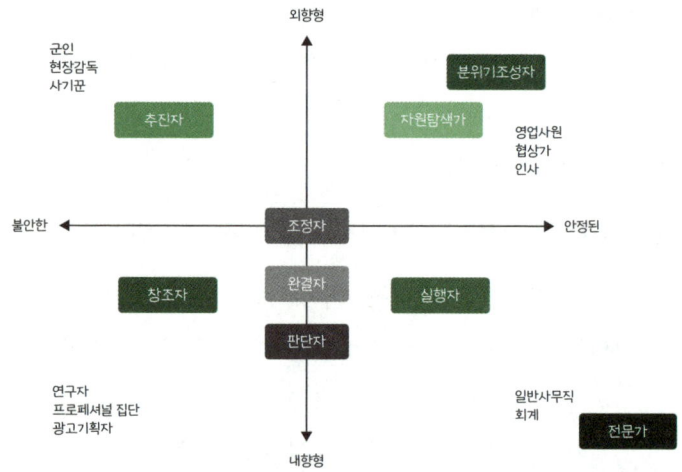

출처_ 매러디스 벨빈의 [팀이란 무엇인가]

팀의 최적 인원구성은 6±1 명입니다.

팀원의 숫자도 팀 성과에 큰 영향을 끼칩니다. 벨빈과 연구팀은 비교적 명확히 그 숫자를 제시했어요. 바로 '6'입니다. 그들이 축적한 30년간의 데이터에 의하면 5도 아니고 7도 아닌 6인 팀이 최고의 퍼포먼스를 냈노라고 단언합니다.

팀원 한 사람이 평균적으로 두 개 영역에서 선호 역할을 수행하거나 잠재력을 갖는다는 연구 결과를 감안하면, 6인 체제야 말로 아홉 가지 팀 역할을 원활히 커버할 수 있다는 논리가 됩니다.

그러나 제 생각은 조금 다릅니다. 딱 떨어지게 6인 체제로 운영되는 팀이 현실에 많지 않을뿐더러 팀원 수는 상황에 따라 유연해야 한다고 믿기 때문입니다. 다섯 명에서 아홉 명 규모로 구성된 팀은 내부에 리더가 존재하고 한 가지 하위 기능에 두 명 이상을 배치할 수 있는 최소한의 조직 규모로 한 팀에 여러 가지 과업을 동시에 부여했을 때 병렬적이고 유연한 일 처리가 가능해요. 이 경우 6±1팀으로 보다 넓게 보는 것이 더 타당해 보입니다.

이외에도 커뮤니케이션 효과성을 들어 '피자 두 판의 법칙'을 이야기한 아마존의 사례도 눈여겨볼 만해요. 제프 베조스 Jeff Bezos는 팀의 적정한 인력 구성으로 피자 두 판, 혹은 차 두 대로 한꺼번에 이동이 가능한 수준을 언급한 바 있어요. 그렇다면 아마존이 말하는 최적의 팀은 9~10명 사이가 되겠죠.

리치 칼가아드 역시 『팀이 천재를 이긴다』에서 소통의 영향력에 따른 팀 구성 공식을 제시했어요. 인원에 따른 관계의 수 $N(N-1)/2$, 즉 7명이면 21개의 관계. 9명이면 36개의 관계를 커버해야 합니다. 그 이상이면 소통 비용이 수직 상승한다는 겁니다.

공식에 따르면 팀원이 최대 6~7명인 경우 자립적인 조직으로써 유연하고 빠르며 응집력이 강해집니다. 진정한 의미의 다양성과 생산성이 있는 분업, 효과적 규모의 경제 실현이 가능한 인원수이기도 해요.

개인적으로 숫자 '7'에도 눈길이 갑니다. 국민 예능으로 불렸던 [무한도전]의 전성기를 이끈 것도 바로 7명의 멤버였죠. 유재석이라는 리더가 안정적으로 팀을 리드하고 6명의 개성 강한 멤버들이 각자의 역할을 빈틈없이 해낸 덕분에 팀은 마치 윤활유를 바른 듯 매끄럽게 돌아갔어요. 오프닝 만으로도 1시간 분량을 뽑아낼 만큼 이들의 티키타카는 대단했죠. 저는 이 시기의 무한도전 팀이 가장 이상적인 팀의 전형이라고 확신합니다.

이외에 영화나 고전에도 7인 조직이 자주 등장해요. 7인의 사무라이. 백설공주와 7 난쟁이 등, 7인 팀은 꽤나 낯익죠. 시기와 지역, 국가를 막론하고 현실에서도 자주 등장하는 구성인 만큼, 전혀 무리가 있어 보이진 않습니다.

이런저런 이론과 현실적 사정을 감안할 때 팀구성의 골디락스 존은 6±1 언저리라고 믿습니다. 경우에 따라, 맡은 바 역할의 범위에 따라 정답이 있을 수는 없으니 선택은 자유예요.

최적의 팀을 만들고 싶다면 여러 가지 고려해야 할 사항이 많아요. 팀원 개개인의 자질과 적성을 파악하는 것부터 역할의 균형을 맞추는 일, 팀의 최적 규모 선정까지 이 모든 걸 운, 감, 복불복으로 결코 이뤄낼 수 없죠. 팀 구성은 그래서 지극히 전략적이어야 합니다.

| En_Q5 |

내 리더는 실패에 책임질 줄 알고 성과는 양보할 줄 안다.
소속감 2 리더십

'100명의 리더가 있으면 리더십 역시 100가지가 있다'는 말이 있어요. 그만큼 '리더'라는 개념은 범용적이면서도 한편으로는 지극히 개인적인 묘한 단어가 아닐까 싶습니다.

리더십 과정을 진행하면서 "리더의 가장 큰 덕목은 뭡니까?"라고 물으면 대개는 '솔선수범'이라고 합니다. 마치 모범답안처럼요. 이어서 "그럼, 실제 솔선수범하고 계시냐?"라고 물으면 대다수는 머뭇거립니다. 자신 있게 "그렇다"라고 답하는 용자도 있지만, 소수에 그칩니다.

17년간 기업 현장에서 범 HR업무를 담당하며 지켜본 리더들은 대체로 자기과대화에 빠져 있는 것처럼 보였습니다. 리더십 진단의 종류와 시대, 지역, 산업 형태를 불문하고 리더 자신에 대한 평가는 대략 100점 만점 기준 80점대 중반 수준으로 진단된다는 통계 결과를 들은 적이 있어요. 반면, 팔로워들이 바라보는 내 리더의 리더십 수준은 대략 50~60점대에 그친다고 하죠. 그게 사실이라면 리더와 팔로워 사이 간극이 최소 20~30점에 달하는 셈이에요.

현역 시절, 리더십 진단과 워크숍을 직접 진행하며 확인한 결과도 크게 다르지 않았어요. 약 10여 년에 걸쳐 매년 시행한 리더십 진단에서 리더 본인 진단은 평균 80점대 중반, 부하진단은 평균 60점대 초반으로 일관된 패턴을 보였죠. 그 간극이 큰 조직일수록 리더는 자기과대화에 빠져 스스로의 자성보다는 구성원과 환경을 탓하거나 분노로 일관하는 경향이 컸어요.

경험상 솔선수범이 뭔지 제대로 아는 리더는 드물다고 생각했죠. 그들의 솔선수범이란 '아침에 일찍 출근하고 더 늦게 남아 퇴근하는 것' '직원들이 힘들거나 어려울 때 거하게 술 한잔 사주는 것' 심지어 '휴가도 반납하고 회사를 위해 몸 바치는 것' 따위 엉뚱하다 못해 Z세대들이 들으면 기겁할 일들을 솔선수범으로 착각하는 리더들이 수두룩했어요.

우리 기본부터 다시 살펴보죠. Lead의 뜻이 뭔가요? 사전[28]을 찾아보면 이렇습니다.

(앞장서서) 이끌다_ [동사] Lead (one's partner), Take the lead (in)

아 그래요. 이끌다. 그걸 몰라서 찾아봅니까? 기본 아니냐고요. 그렇죠 대다수의 리더들은 '이끌다'에 방점을 찍을 겁니다. 그런데 부하직원들이 생각만큼 잘 이끌려 왔는지요? 글쎄?

---

28) 네이버 영어사전

그러고 보니 괄호 안에 들어있는 문장에 눈길이 갑니다. '앞장서서'. 익숙한데 뭔가 낯설어요. 어쩌면 오늘날 수많은 리더들이 겪는 리더십의 문제는 '앞장서서'를 간과해서 시작되는지도 모릅니다.

드라마/웹툰 [미생]에 등장하는 김부련 부장의 별명은 '문턱주의자'입니다. 어떤 일을 결정하기 전까지는 전방위적으로 검토하고 하나하나 다 따져보지만 한번 결정되면 뒤도 돌아보지 않고 전진한다는 의미입니다. 출세를 위해 정치도 마다하지 않죠. 때로는 부하직원의 공적에 이름을 슬쩍 올리거나 빼기도 하며 제이익을 탐하기도 하지만, '내 사람'에 대해서는 인간적으로 믿고 무심히 챙깁니다. 거듭된 과로로 코피를 흘리고 잠시 기절했던 영업 3팀 오상식 과장. 그 사실을 알게 된 김 부장은 오 과장을 따로 불러 호되게 야단칩니다.

"나 당신 애 돌잡이까지 다 본 사람이야. 애비가 돼서 건강 관리 못하는 건 용납 못해."

그 말투 너머엔 부하가 아닌 '사람'으로서의 걱정이 담겨 있었음을 우리는 압니다.

"바이어에게 주려고 샀는데, 가서 챙겨 먹어."

사실 내돈내산이지만 감정을 보이는 것이 쑥스러운지 김 부장은 바이어 선물이라는 거짓말까지 하며 말린 장어를 쓱 내밉니다. 이런 사람이 내 상사라면 힘들어도 일할 맛 날 것 같아요.

| Environment |

문턱주의자 김 부장이 드라마에서 보여준 최후의 리더십은 '희생'이었어요. 영업 3팀은 요르단 중고차 사업을 추진했던 박 과장의 비리 혐의점을 찾아내고 김 부장에게 보고합니다. 당시 결재라인 중 한 명이었던 김 부장은 체크해보겠다는 오 과장에게 힘을 실어줍니다. 결국 교묘히 숨겨졌던 대규모 비리가 밝혀지고 김 부장은 그 책임을 회피하지 않습니다.

떠나는 그를 향해 끝내 눈물을 흘리는 사무실 사람들, 뚜벅뚜벅 걸어가는 그의 뒷모습을 향해 90도 인사를 하는 오 과장. 그 행동, 표정 하나하나로부터 그가 솔선수범이 무엇인지 알고 행동하는 꽤 괜찮은 리더였음을 엿볼 수 있어요.

'에이, 드라마니까 그렇지 현실에 저런 상사가 어딨어?'

그렇게 생각한다면 유감입니다. 참 불행하죠? 진짜 현실은 제 이익에만 눈이 벌건 '나쁜 리더'가 득실거리는 시궁창 같다면, 직장생활 하면서 '이런 리더라면 따르고 싶다'는 생각이 절로 드는 상사 한번 만나본 적도 없고, 마냥 판타지라며 폄하하고 체념하고만 있다면, 사무실에서 보내는 시간이 너무 본격적이고 길지 않나 싶어서 말이에요.

왜 이렇게 됐을까요? 그간 우리가 당연시해온 기업의 기본 가정들이 애초에 잘못된 건 아닐까요?

그러고 보니 회사에서 아무렇지 않게 쓰는 용어들도 전쟁에서 기원한 개념들로 가득합니다. 전략, 전술, 타깃이라는 용어들은 말할 필요도 없고 우리가 별생각 없이 당연한듯 사용하는 매니저 Manager 역시 '손'을 뜻하는 라틴어 마누스 manus와 '말고삐로 말을 다루는 능력'을 의미하는 13세기 이탈리아어 마네기아레 maneggiare에서 유래됐다는 군요. 그러니 회사가 왜 늘 전쟁터처럼 느껴졌는지 이제야 알 것도 같습니다.

'신상필벌(信賞必罰)'

오늘날 기업들이 운영하는 보상체계는 분명, 사람을 말처럼 여겨 못하면 채찍질하고 잘하면 당근을 주는 전근대적이고 비인간적인 '관리'의 전형임에 틀림없어요.

온통 전쟁에서 유래한 용어와 기법들이 판을 치는 오늘날 회사조직이 극단적인 결과주의, 관계중심의 정치라는 1차원적 가치에 매몰되는 건 어쩌면 당연한 일 같습니다. 이러한 분위기에선 인간성이나 성장, 상생과 같은 상위의 가치 또한 조롱과 비아냥의 대상이 될 수밖에 없겠죠.

리더는 인간적이어야 합니다 - 측은지심(仁)

'인간적'이라는 단어만 들어도 '회사가 동호회냐?'며 질색하는 고인물들이 많아요. 물론 회사는 취미 모임이 아닙니다. 틀림없이 이익추구 집단이죠. 그렇다고 감정이 완전히 배제된 AI, 로봇, 소시오패스의 집합체도 아니죠. 타인의 아픔에 공감하고 함께 눈물을 흘릴 줄 아는 측은지심이야말로 인간이 인간으로서 존재하는 명확한 이유입니다.

'Soft on people Hard on work.'

일에 대한 저의 모토인데요, 일에 있어서는 냉정하고 이성적이되, 사람에 대해서는 지극히 인간적이면서 감성적으로 대하는 것, 그런 마음가짐이야 말로 진짜 리더의 마인드가 아닐까요? 물에 물 탄 듯 술에 술탄 듯하라는 말이 아니라, 자기 자신에 대해 장점과 단점까지도 명확히 인식하고 그 객관적 인지를 바탕으로 타인을 관찰하고 감정이입 할 수 있는 능력을 갖춰야 한다는 말입니다.

리더는 정의로워야 합니다 - 수오지심(義)

정의는 사실 그리 거창한 개념은 아닙니다. 그저 '잘못을 했으면 인정하고 부끄러워할 줄 아는 성정'이죠. 리더라면 스스로 완벽한 사람이 아님을 인정하고 때때로 약점이나 취약성을 드러낼 수도 있어야 합니다. 그게 용기죠.

『두려움 없는 조직』[29]의 저자 에이미 애드먼슨 Amy C. Edmondson은 포용적 리더의 특징을 세 가지로 들었어요.

---

29) 최윤영(번역)·오승민(감수), 다산북스, 2019

1. 가까이 다가갈 수 있는 대상인가
2. 자신에게서 오류가 발생할 가능성을 인정하는가
3. 다른 직원들의 의견을 적극적으로 수렴하는가

리더는 조직 내에 발생하는 각종 부조리에 대해 관심을 가져야 합니다. 리더로서 높은 곳에 올라 관심을 가지고 지켜보면 크고 작은 문제들이 눈에 띄죠. 직장 내 괴롭힘과 따돌림, 각종 차별과 선입견 및 고정관념으로 인한 소소한 삐걱거림이 감지됩니다.

누군가 부조리로 인한 고통을 호소해온다면, 또는 눈에 띄게 힘들어하는 게 보인다면 그 즉시 개입해야 합니다.

사실관계를 파악하고 리더 개인 차원과 조직 차원, 회사 차원에서 해결해야 할 일이 있는지 판단하고 실제 조치를 취해야 합니다. 혹여 리더 본인의 안위 때문에, 괜한 논쟁을 키우기 싫어서 따위 이유로 누군가의 괴로움을 외면한다면 더 큰 대가를 치르게 될 테니까요.

리더는 양보해야 합니다 - 사양지심(禮)

리더는 높은 자리에 올라 대접만 받는 사람이 아니에요. 리더에게는 권한과 책임이 동시에 주어집니다. 그런데 권한만 누리려는 리더들이 많아요. 심지어 부하직원이 만든 결과물에 제 이름만 올려서 마치 자기 것인 양 포장하는 리더들 역시 수두룩하죠.

착각하지 마세요. 당장은 누군가의 눈에 들어 잘나가는 것처럼 보일지 몰라도 내실 없는 결과는 곧 제자리로 돌아가게 마련이에요. 그 사이 실력도 정체되어 스스로의 힘으로는 낮은 문턱 하나 넘기 힘들어집니다. 무엇보다 부하직원들이 그 사실을 모를 리 없어요. 꾹꾹 참을 뿐, 언젠가 임계점에 이르면 부글부글 끓는 냄비의 뚜껑처럼 폭발하고 맙니다.

공(功) 앞에서는 과감히 물러서고 실(失) 앞에서는 분연히 앞장서세요. 잘된 것은 부하직원들 '덕'으로 잘못된 것은 내 '탓'으로 돌리세요. 그게 리더의 덕목이고 오히려 자신을 돋보이게 하는 유일한 길입니다.

솔선수범은 말뿐 아니라 '희생'하는 데서 완성됩니다. 시간이든, 돈이든, 노동력이든 제 손에 쥔 것을 단 하나도 내놓거나 내려놓지 않은 채 입으로만 떠드는 솔선수범은 아무런 무게도 가치도 없어요. 깃털 같은 가벼운 냉소와 실소만 양산할 따름입니다.

진짜 리더는 결코 자신의 사람들을 위험 앞에 세우지 않습니다. 언제나 가장 먼저 나서서 미지의 위험을 감지하고, 조심스럽게 건너가 살핀 뒤, 안전이 확인되었을 때 비로소 뒤돌아 '이제 건너와도 괜찮아'라고 말하는 사람입니다.

리더는 지혜로워야 합니다 - 시비지심(智)

『마음의 법칙』30)을 쓴 폴커 키츠 Volker Kitz 는 이렇게 말했어요.

> "대개 사람들은 남들보다 능력이 뛰어나고 창의적이며 매력적이라고 착각한다. 실제 직장인 중 80% 정도는 스스로를 평균 이상이라고 생각하고 연봉도 남들보다 더 받아야 한다고 생각한다."

많은 리더들이 자신이 서 있는 자리만으로 리더십을 인정받았다고 믿습니다. 그 자리가 곧 자신의 성공을 증명한다고 여기기 때문이죠. 그러다 보니 지나친 자신감에 빠지고, 자신의 말은 늘 옳다고 믿는 확증편향과 자기과대에 사로잡히게 됩니다. 이런 생각은 결국 그들을 '고인물'이 되는 함정으로 이끕니다.

철학자이자 심리학자인 쿠르트 레빈 Kurt Lewin 은 변화의 메커니즘을 세 단계로 설명했습니다.

해동 Unfreezing > **이동 Moving** > **재동결 Refreezing**

변화는 현재의 나를 완전히 내려놓는, 곧 해동의 과정에서 시작됩니다. 자신을 해체하는 이 과정은 당연히 고통스럽습니다. 지금까지 쌓아온 것을 모두 내려놓고 새롭게 시작해야만 진짜 변화가 가능하다니, 결코 쉬운 일이 아니지요.

---

30) 김희상(번역), 포레스트북스, 2022

하지만 문제는, 우리가 붙잡고 있는 지금의 안온함도 영원하지 않다는 데 있습니다. 돌이켜 보면, 한 줌도 안 되는 작은 성취를 잃을까 전전긍긍하다가 결국 길을 잃는 경우가 많습니다. '삶의 지혜'라는 꽃은 멈추거나 고인 곳에서는 결코 피지 않습니다. 과거에 유효했던 것이 현재나 미래에도 그대로 통할 확률은 극히 드뭅니다.

혁신, 놀라운 변화는 언제나 'Fit → Misfit → Refit'이라는 무한 루프 속에서 일어납니다.

'내가 틀릴 수도 있다', '아는 것보다 모르는 게 더 많다'는 자세가 무엇보다 중요합니다. 긍정이든 부정이든 모든 가능성을 열어 두어야 합니다. 언제라도 새로운 이야기, 감각, 정보에 마음을 열고 적극적으로 받아들일 준비가 되어 있어야 하죠.

고통 없는 변화는 어쩌면 진짜가 아닐지도 모릅니다.

| En_Q6 |

우리 팀원들은 개개인의 목표와 성과보다 팀 전체의 목표와 성과를 우선시 한다
소속감 3 발전적 경쟁

평가. 참으로 뜨거운 감자죠. 한 해 농사의 결실이자, 연봉·인센티브·승진·이동 등 모든 처우에 직접적인 영향을 미치는 요소이기 때문입니다. 많은 직장인들이 바로 이 '평가' 하나만 보고 1년을 하루같이 버텨왔다고 해도 과언이 아닙니다. 그만큼 직장 내 갈등의 99.82%가 평가에서 비롯된다 해도 지나친 말은 아닐 겁니다. 이렇게 중요한 평가, 지금까지 우리기업들은 어떻게 다뤄왔을까요? 일반적으로 평가는 크게 두 영역을 측정합니다.

성과와 역량

성과는 특정 시점까지 목표대비 실제로 달성한 결과를 의미합니다. MBO *Management By Objectives*를 기반으로 KPI *Key Performance Indicator*, BSC *Balanced Score Card,* 재무/고객/프로세스/성장 관점, OKR *Objectives and Key Results* 따위 방법론을 도입해 성과를 측정합니다.

연초에 목표를 설정하고 세부 과업들이 조직별, 개인별로 구체화되죠. 그 이행과정에서 조직과 개인이 어떤 역할을 어떤 비중으로 기여했는지를 따집니다. 크게 과정지표(뭘 얼마나 했는가?)와 결과지표(어떤 결과를 냈는가?)로 나뉩니다. 성과는 주로 인센티브나 이듬해 임금인상 수준을 결정하는 데 쓰여요.

한정된 자원을 배분하려다 보니 자연히 '상대평가'가 이루어집니다. 대개 4~5 단위로 등급을 나누고 일정 비율로 배분하는 식이죠. 물론 회사마다 등급의 수와 간격, 배분율은 달라요.

여기에는 거창하지만 시장경제, 능력주의라는 사회적 이데올로기 또한 반영되어 있어요. 애초에 사회 전체가 줄 세우기 경쟁에 익숙하다 보니 실제 성과의 크기와 기여의 비중에 따라 차등 보상을 하는 것이 가장 공정하다는 믿음은 꽤나 굳건합니다.

그럴듯하죠. 1~3차 산업혁명을 거치는 동안 경영의 테일러리즘과 연동한 이른바 '성과주의'는 나름의 성공신화를 썼어요. 기업들은 엄청난 속도와 규모로 압축성장을 이뤘고, 인류는 스스로를 부품화한 대가로 표면적일지언정 나름의 번영을 누렸습니다.

과정보다 결과를 중시하는 극단적 결과주의가 준동하면서 평가에 문제가 생겼어요. 성과를 잘 내는 사람이 역량도 좋다는 인식으로, 역량 평가에 대한 기준이 애매모호해졌다는 겁니다. 평가의 두 축인 역량 평가가 특별한 기준도 없이 상사의 입맛에 따라

정성적으로 판단되는 경향이 두드러졌죠. 역량이 부족해도 '줄'만 잘 서고, 운 좋게 성과가 나는 조직에만 있어도 좋은 평가를 받는 일이 비일비재합니다.

그뿐 아닙니다. 과열된 경쟁 속에서 인간성 파괴 현상도 빈번해졌어요. 차별과 소외, 인격 모독, 갑질 같은 부작용은 점차 사회 전반에 퍼졌고, 수많은 약자들이 다수의 이익이라는 명분 아래 침묵을 강요받았습니다. 하지만 이제, 세상이 바뀌었죠. AI, 로봇, 모바일 등 기술 혁신은 근면과 복종이 미덕이던 양적 성장의 시대를 끝장냈어요. 대신, 이해와 공감, 공존이라는 '질적 가치'를 요구하는 새로운 시대가 도래했죠.

'상품'보다 '가치'가 팔리는 시대.

3년에 걸친 팬데믹은 우리로 하여금 '왜 일하는가'라는 본질적인 질문을 다시 던지게 했습니다. 그래서 사람들은 이렇게 외칩니다.

"더 이상 이렇게는 일 못하겠다! 시바~"

부품이 아닌 인간으로, 다시 본질로 돌아가야 한다는 이 시대의 선언 앞에, 줄 세우기만 급급한 상대평가 제도는 그 비인간성과 폭력성으로 도마 위에 오르게 됐습니다.

양적 성장의 시대에 그럭저럭 작동되는 듯 보였던 극단 경쟁의 이면에는 두 가지 치명적 한계가 감춰져 있었죠. 바로 공정성 이슈와 건강한 경쟁이 아닌, 결국 승자 독식의 제로섬 게임으로 변질되고 말았다는 사실입니다.

평가 시즌마다 조직 내부는 S를 받지 못한 자들의 불만이 마치 유령처럼 유영합니다. 성과와 역량 평가에는 늘 '정치'라는 변수와 '평가권자 입맛'이라는 예외가 개입됩니다. 그 결과 자체에 의문을 품은 눈초리는 끊이지 않죠.

예외가 많을수록 과정을 숨기려 합니다. 대외비가 쌓이고 밀실에 숨어 이해관계가 얽힌 몇몇이 뚝딱뚝딱 무언가를 해치우는 일이 잦아집니다. 구성원들은 바보가 아니고 장님도 아닙니다. 그렇게 만들어낸 결과의 최종 이익이 가리키는 방향에 범인이 있음을 이내 알아채게 되죠. 이미 끓어 넘친 조직과 끓기 직전의 조직, 지금은 그저 온도의 차이만 존재할 뿐입니다.

급기야 극단적 결과지향, 과열된 경쟁, 합의되지 못한 평가기준, 투명하지 못한 평가과정, 무성의하거나 생략되는 피드백, 승진 대상자 배려를 가장한 돌려 먹기가 난무하는 무법천지로 전락합니다.

팀십은 박살이 나고 조직전체에 1+1=3 이 아니라 1+1=-1의 결과물이 만연해집니다.

이미 금전적 인센티브 자체가 동기부여에 별다른 효과를 미치지 못할뿐더러 지속력도 없다는 사실은 증명된 지 오랩니다.

델 컴퓨터의 창업자 마이크 델 Mike Dell 은

"강제 배분에 의한 직원 평가 방식을 없앴다. 이 평가 방식은 직원을 서로 경쟁하게 했고 성과가 좋은 직원을 사내 정치인으로, 나쁜 직원을 중상모략꾼으로, 동료를 적으로 만들었다."

라며 상대평가제도의 폐해를 신랄하게 지적한 바 있습니다.

『완벽한 팀』[31])의 저자 마크 허윗 Marc Hurwitz 또한

"많은 사람들이 갖고 있던 피드백의 스트레스를 완화시켰습니다. 평가 등급을 폐지한 것도 직원들이 관리자들과 예전처럼 성과 등급에 연연하지 않고, 진정한 경력의 진보와 발전을 위해 토론할 수 있는 경험을 할 수 있게 만들어줬습니다"

라고 단언했죠.

수많은 경영인, 조직, 리더십 관련 학자들이 등급을 매기는 상대평가제도의 효과 없음을 앞다퉈 지적하는 데는 다 이유가 있어요.

상대평가와 절대평가를 섞으세요.

인사가 만(萬)사라면 평가는 구천(九千)사 정도 되지 싶습니

---

31) 이종민(번역), 이긍호(감수), 플랜비디자인, 2019

다. '우리 회사 평가는 공정하고 믿을만하다'는 구성원의 신뢰만 얻을 수 있다면 만사형통입니다. 반대로 구성원들이 평가에 의구심을 갖기 시작하면 그 즉시 시한폭탄이 되고 맙니다. 제아무리 훌륭한 회사도 평가제도라는 절대반지의 신뢰를 상실하면 무시무시한 사우론[32)]의 저주로 파괴되고 말 것입니다.

그런데도 부작용이 큰 상대평가를 고집하는 이유는 뭘까요? 왠지 그래야 할 것 같은 느낌적인 느낌? 인간은 자고로 자기 분수에 맞는 대접을 받아야 하므로?

인간은 비교하고 통제하고 관리당할수록 일하기 싫어집니다. 개성을 존중하고 내버려두고 자율을 보장할수록 더 하고 싶어지는 청개구리 같은 존재라는 사실을 이제는 받아들여야 합니다. 그렇다고 전면적으로 절대평가를 도입하라는 것도 아닙니다. 그야말로 '한정된' 자원이잖아요. 눈에 띄게 잘해 붙잡고 싶은 보물도 있고 당장 내쫓아야 할 눈엣가시도 있으니 어떻게든 평가를 하긴 해야 할 겁니다.

해답은 이렇습니다.

상대평가와 절대평가를 잘 섞어 하이브리드로!

우선 성과, 전 직원이 한 해 동안 별 탈 없이 완주해 준 점에 대해서는 인간적인 관점에서 기본 성과로 인정해 줍시다. 평가를 위

---

32) J. R. R. 톨킨의 소설 《반지의 제왕》에 등장하는 암흑의 군주, 위키백과

한 재원 100(이것을 Pot이라고 부르기로 하죠)이 있다면, 이중 50을 따로 떼어내서 기본 성과 개념으로 팀별로 배분합니다. 이때 배분 기준은 팀 인원입니다. 인원수가 많은 팀이 많이 가져가는 거죠.

나머지 50은 팀별 성과에 따라 차등 분배합니다. 그동안 유지해 온 상대평가 방식이니 익숙할 겁니다. 팀이 5개라면 S-1팀 30%, A-1팀 20%, B-2팀 15%, C-1팀 10%로 차등 지급(이때는 가져온 Pot 50을 100으로 가정하고 배분)하고 나머지 10은 정성평가로 최종평가자의 마음에 따라 부여하세요.

각 팀은 각자 받은 총 Pot(역시 가져온 Pot 50을 100으로 가정하고 배분)을 자율적으로 배분합니다. 기본 성과로 받은 1차 pot은 전 구성원에 균등하게 분배하고, 차등 성과로 받은 2차 pot은 팀장의 자율에 맡깁니다. 누구 하나 가릴 것 없이 모두 다 잘했으면 이 역시 균등하게 배분하고, 그중 특출나게 뛰어난 팀원이 있다면 아웃스탠딩(S)으로, 특별히 개선이 필요한 사람이 있다면 개선필요(NI)로 차등할 수 있습니다.

금전적 인센티브 자원이 없다면, Pot은 승진포인트로 대체해도 됩니다.

기본적으로 한 팀으로 함께 일한 성과를 밑바탕으로 하기에 팀이 먼저 잘 되는 게 기본이 됩니다. 팀원들은 '우리'라는 인식 속에 합심해 일하게 되는데요. 이때 팀 간 발전적 경쟁이 일어납니다. 이때 생긴 성과는 자연히 차등의 기준이 됩니다. 팀십과 발전적 경쟁이라는 두 가지 토끼를 모두 잡게 되는 셈이죠.

기존의 관성에서 벗어나 조금만 머리를 맞대고 고민해 보면, 기존 상대평가의 장점과 절대평가의 장점을 섞은 하이브리드 제도를 뚝딱 만들어낼 수 있습니다. 물론 전체 Pot의 확보, 배분 비율 등 제도 설계와 실행의 디테일은 회사마다 더 깊은 논의를 통해 현실화 해야 할 것입니다.

역량, TASK로 측정하세요.

각 개인의 역량은 먼저 조직과 리더의 기대치에 맞추어 당사자와 조율합니다. 연말 평가에서 그 기대치에 부합했으면 GE Good Enough, 기대치를 초과했으면 BE Beyond Expectation 을 부여할 수 있습니다. 마찬가지로 기대치에 미달할 경우 NI Need to improve 등급을 부여해 육성과 교육의 관점에서 해결책 solution 을 제공하세요.

이 일이 그 사람에게 잘 맞는지 아닌지, 그 일을 맡기면 잘할지 못할지 여부는 어떻게 알 수 있을까요? 역량 Competency 은 능력 Ability 과는 조직 내에서 쓰임새가 약간 다릅니다. 역량은 능력의 한 부분으로 볼 수 있지만 '특정 분야의 '일에 필요한'이라는 조건이 붙어 조금 더 세부적입니다.

현실적으로 우리 기업현장에서 개인의 역량을 평가할 때 쓰는 절대기준은 '학벌'입니다. 신입전형 과정에서 전공, 학점, 인턴경험 따위를 보기도 하지만, 사실 학벌 하나면 합격의 9부 능선을 넘는다는 사실을 누가 반박할 수 있을까요? 문제는 실무현장에서 뛰어난 학벌이 '일 잘함'을 충분히 증명하지 못한다는데 있어요. 머리 좋고 성실하긴 한데 '일머리는 떨어지는' 이들이 의외로 많더란 말이죠. '학벌'은 기껏해야 이성지능 IQ 과 성실성을 검증할 뿐이기 때문입니다.

물론 직장생활에서 뛰어난 이성지능과 성실성은 대단히 유리한 '능력'이고 필요조건이긴 하지만, 성공적인 커리어를 위한 충분조건이자 세부 '역량'은 될 수 없습니다. 역량은 이성지능 IQ 이라는 하나의 요인으로 구성되지 않고 감성지능 EQ 을 포함한 여러 요인들이 화학작용을 일으켜 형성되는 종합결과물에 가깝습니다.

그럼 어떻게 역량을 판단할 수 있을까요? 바로 T.A.S.K 라는 네 가지 요소를 살펴보면 됩니다.

T는 Talent, 재능입니다. 그 일에 적합한 성향과 적성을 갖고 있는지 살피는 일이에요. 자기인식 능력 즉, 감성지능의 영역입니다. 스스로 자신을 깊이 있게 성찰하고 장점과 단점을 명확히 분류할 수 있는 사유를 할 수 있는 능력이야말로 기본 중 기본이죠. 역량개발은 반드시 이 T로부터 시작해야 합니다. 재능, 적성에 맞지

않는 일을 평생 해야 한다면 억지로 꾸역꾸역 쳐내기에 급급하다 번아웃에 빠지거나 끝내 도망치고 말 테니 말이죠.

A는 **Attitude**, 태도입니다. 선명한 자기 인식을 바탕으로 사회적 관계를 맺는다는 측면에서 이 역시 감성지능 **EQ**의 영역에 속합니다. 수많은 현장의 리더들이 태도를 오해하고 있어요. 인간성, 예의범절, 리더인 자신에 대한 충성심 정도로 말이죠. 그러나 역량에서 말하는 태도는 관계, 친분에 국한되지 않습니다. 무엇보다 '일'과의 관계 그 자체에 초점을 맞춰. 문제의식을 가지고 임하는가? 열정을 가지고 임하는가? 끝까지 책임지고 완수하는가? 등 그 일을 수행함에 있어 필요한 개인적 관점, 자세, 기질을 말합니다.

S는 **Skill**, 일의 숙련도입니다. 그 일에 반드시 필요한 도구, 방법론 등을 얼마나 잘 다루는지를 봅니다. 스킬 향상은 비교적 간단해요. 실제로 많이 해보면 됩니다. 기업현장에선 OJT **On the job training**, 즉 일을 하면서 자연스레 숙련에 이르는 과정이 일반적입니다. 팀에 도제식 훈련이 가능한 멘토, 코치 역할의 선배가 있다면 별 어려움 없이 숙련에 이르게 할 수 있어요.

K는 **Knowledge**, 지식입니다. 일과 관련된 이론, 이슈, 트렌드 등 모든 종류의 정보를 망라하죠. 지식 역시 스킬과 마찬가지로 역량의 중요한 요소이지만 충분조건은 아닙니다. 인풋이 부족하면 양질의 아웃풋이 나올 수 없듯 스킬과 지식이 부족하면 일을 잘할

수 없지만, 스킬과 지식이 뛰어나다고 자동으로 일을 잘하게 되는 건 아니란 말이에요. 지식 습득 역시 개인의 노력이 무엇보다 중요합니다. 이 일을 잘하기 위해 갖춰야 할 지식은 무엇인지 끊임없이 탐구하고 트렌드를 좇는 것입니다.

> 결국 '일을 잘한다'는 것의 의미는
> '재능이 있는 사람이 일에 대해
> 올바른 태도를 가지고 관련 스킬과 지식을
> 꾸준히 갖춰나가는 일련의 과정과 결과'
> 정도로 정리할 수 있겠네요.

이런 TASK의 원칙을 모른 채 일반적인 이성지능 중심 능력, 그럴 것 같다는 느낌적인 느낌만으로 나 자신을 포함한 또 다른 누군가의 역량을 판단하는 건 대단히 어리석고 위험천만한 일입니다.

| Environment |

MESSAGE
SYSTEM

Trust

마지막, 네 번째는 신뢰조성입니다.

크게 경영진의 메시지와
시스템으로 이루어집니다

메시지	T1. 우리 회사의 미션과 비전에 대해 알고 있고 그에 동의한다. T2. 타 회사와 비교해 우리 회사만이 가진 차별화된 핵심가치가 있다. T3. 우리 회사 경영진은 약속한 바를 실제 행동으로 이행한다.
시스템	T4. 우리 회사의 주요 의사결정은 공식적인 기준과 절차, 채널에 의해 투명하게 공개된다. T5. 회사의 제도와 시스템은 구성원(사용자) 입장에서 최적화 되어 있다. T6. 내가 받는 평가와 보상은 정당한 과정을 통해 이루어진 결과라고 믿는다.

조직문화를 다루는 궁극의 목적은 신뢰를 쌓는 일이라고 생각합니다. 회사와 구성원 간에, 동료와 동료 사이에, 나 스스로에 대한 신뢰까지. 앞서 다뤘던 밑MEET '동기' '정서' '환경'의 세 요소 모두 사실상 '신뢰'를 만들기 위한 밑 작업이라고 봐도 무방합니다.

저는 사실 신뢰가 뭔지 잘 몰랐어요. 17년간 기업 현장에서 조직문화와 사람관련 일을 하면서도 좀처럼 풀지 못했던 숙제처럼 그 실체가 딱 잡히지 않았으니까요. 인간관계에 신뢰만큼 중요한 게 또 있을까? 생각은 하지만, 막상 살다 보면 신뢰를 쌓기보다 저버리기 일쑤인 사람과 사건들을 수시로 목격했기 때문인지도 몰라요.

신뢰의 의미에 대해 깊이 생각하게 된 것은 얼마 전 대형 건설사가 지방에 시공중이던 아파트 붕괴 사고 소식을 접하면서부터입니다. 무고한 생명이 희생되었고, 얼마 지나지 않아 수도권에서도 유사한 사고가 또 발생했죠.

정부당국의 조사 결과는 충격적이었습니다. 안전의 핵심인 내력벽 지지 철근이 기준의 절반에도 미치지 못했고, 우천 시 금지된 콘크리트 타설 정황까지 포착되는 등 총체적인 부실과 심각한 안전수칙 위반이 만천하에 드러났습니다.

문제는 사고 이후 건설사들의 대응이었어요. 대국민 사과를 표방했지만, 피해 보상 과정에서 잡음이 끊이지 않았고 근본적인 개선 노력 없이 이전과 다름없는 행태가 반복되는 듯 보였으니까요. 결국 '뼈대가 없다'는 뜻의 '순살 아파트'라는, 현 사태를 꼬집는 섬뜩한 신조어까지 등장했습니다.

연이은 사고와 그 후의 무책임한 대응을 보며 문득 깨달았죠. 신뢰야말로 무언가를 제대로 서 있게 하고 굳건히 버티게 하는, 눈에 보이지 않는 근본적인 뼈대라는 사실을. 마치 건물의 안전을 책임지는 촘촘하고 견고한 철근망처럼 말입니다.

이젠 '순살 아파트'를 조직문화가 망가진 회사에 대입해 생각해봅니다. 기본과 원칙이 결여된 회사, 그저 돈 벌기 위해 각종 부조리를 꾸역꾸역 참고 다니는 회사, 그런 곳에서 하루 8시간 이상, 20대 중반에서 50대 중후반까지 인생의 황금기를 보내야 하는 구성원들은 어떤 상태로 일을 하고 있을까요? 기업 성과든 인간 관계든 내 커리어든 이곳이 언제 모래성처럼 무너질지 모른다는 불안감 속에서 '언젠간 옮겨야지'라는 생각으로 기회를 엿보고 있을까요?

핵심사업분야에서 치명적 사건사고가 연이어 발생하는 기업이라면, 그 내부 문화 역시 정상일 리 없습니다. 사건사고 그 자체는 물론이고 사후 수습 과정을 지켜보면 단순 실수인지 철저히 망가진 내부 문화 때문인지 에둘러 짐작이 가능합니다. 시간이 지나면 언젠간 '잊히겠지'라는 냄비근성을 기대했다면 오산이에요. 신뢰

상실은 그들의 생각보다 대단히 크고 무겁고 뼈아프며 무엇보다 오래갑니다.

세계에서 존경받는 기업들은 내외부의 각종 사건사고에 어떻게 대응하고 있을까요?

디즈니의 CEO 밥 아이거[33] Robert Allen Iger 는 자회사인 픽사의 CCO 존 래시터 John Lasseter 가 성추문 파문을 일으키자 즉각 당사자를 불러 진상을 파악하고 6개월 정직이라는 중징계를 결의했어요. 이후 CEO명의의 사과문을 전 직원에게 직접 공표하고 재발 방지를 약속했죠. 존 래시터 역시 구구절절 변명보다는 사과문을 올리고 회사의 조치에 응했어요. 그의 정직 기간이 만료되자 조치가 부족했다고 판단한 밥 아이거는 끝내 존을 해고합니다.

밥 아이거가 픽사의 시작이자 크리에이티브를 책임져온 전설적 인물을 단호하게 내쳤던 이유는 회사 차원의 손실을 따지기에 앞서 '그것이 옳은 일이기 때문'이라고 했죠.

이후에도 밥 아이거의 원칙은 변함없이 유지됩니다. ABC 인기 프로그램인 '로잔느 아줌마'의 진행자인 로잔느가 트위터상에 인종차별 논란을 일으키자 밥은 프로그램을 전격 폐지하고 '어떤 형태의 인종차별도 허용하지 않는다'는 CEO차원의 성명을 즉각 발표하며 회사와 브랜드의 신뢰를 지키려는 단호한 의지를 보였어요.

---

33) [디즈니만이 하는 것] 밥 아이거, 쌤앤파커스, 2020
　　[디즈니 리더십 수업] 댄 코커렐, 현대지성, 2023

밥 아이거 시절의 디즈니는 사업적으로도, 문화적으로도 대단한 전성기를 누렸는데요. '밥 아이거라면 옳다'라는 내부 구성원들의 신뢰가 결정적인 이유였습니다.

존슨앤드존슨 J&J의 CEO 제임스 버크 James Burke 역시 회사의 크레도 Credo와 관련한 인상적인 일화를 남겼어요. 이른바 '타이레놀 스캔들'. 1982년 시카고에서 타이레놀을 복용한 후 8명이 사망하는 사건이 발생합니다. 불상의 인물이 타이레놀 포장을 뜯어 청산가리를 주입한 것이었습니다. 회사의 직접 귀책은 아니었지만 타이레놀 스캔들은 미전역으로 퍼져 브랜드가 큰 타격을 입을 위기에 처합니다.

제임스 버크는 즉각 진상을 대중에 알리고 '고객의 안전'이라는 자사의 크레도에 따라 타이레놀을 전량 리콜하기로 결정하죠. 심지어 미국의 보건당국은 시카고 지역에 한한 리콜을 권고했지만 '고객의 생명과 안전'이라는 크레도보다 중요한 가치는 없다며 회사 차원의 천문학적 손실을 감내하기로 결정합니다.

이후 존슨앤드존슨의 기업 이미지는 독극물 제조 회사에서 공중 안전기관 수준으로 탈바꿈합니다. 위조 불가능한 포장 방식을 새롭게 설계 제작하고 교환 환불 프로그램을 개발했으며 재발 방지 프로그램을 신속하고 철저하게 이행했어요. 이후 바닥을 치던 매출이 치솟아 원래 수준 그 이상을 회복했죠. 타이레놀 사태는 어떤 위기가 닥쳐도 원칙과 핵심가치에 따라 행동한다는 회사의 지침으로 자리잡게 됩니다.

디즈니와 존슨앤드존슨 양사 모두, 사건과 사고 당시에는 잠깐의 타격을 입었습니다. 하지만 최고 경영자의 '무엇이 옳은가?'라는 가치관에 부합하는 즉각적 조치로 고객과 시장, 무엇보다 내부 구성원의 신뢰를 전격적으로 확보할 수 있었죠. 그 이후 오히려 기업 가치가 오르고 위대한 기업, 존경받는 기업으로 거듭났음은 결코 우연이 아닙니다.

앞서 살펴봤던 건설사들의 행태와 비교하면 어떤가요? 결코 있어서는 안 되는 치명적인 대형사고를 일으키고도 진심 어린 사과도, 구체적인 수습방안 마련도 미적거렸던 그들.

어쩌다 이렇게 됐을까요? 사고 실험을 해봅니다.

혹시 조직 내에 누군가 이름을 함부로 부를 수 없는 '볼드모트' 같은 절대자가 존재하는 것은 아닐까요? 그 누구도 그 앞에서 NO라고 말하지 못하기 때문일지도 모릅니다. 상식과 규칙, 규율, 심지어 법을 위반하는 일이 상시로 벌어져도 '그분의 뜻'에 반하는 일을 해서는 안된다는 무언의 규칙이 작동하고 있는 것은 아닐까요? 다수의 구성원들이 문제가 있어도 외면하고 쉬쉬하고 '가만히 있으면 중간은 간다'라는 분위기 속에서 살얼음판 같은 긴장감을 안고 일하는 중일지도 모릅니다.

핵심은 역시 리더예요. 경영진이죠. 그들이 어떻게 비전을 제시하고 진정성 있게 소통하고 실제 행동으로 보여주느냐의 문제, 또 하나는 어떻게 투명하고 공정한 시스템을 만들고 운영하는지와 관련된 문제입니다. 신뢰는 그저 '나를 믿고 따르라!' 외치기만 한다고 저절로 생기는 전리품이 아니란 말이에요.

구성원의 신뢰를 잃은 기업, 경영진은 양치기 소년의 처지와 같아요. "늑대가 나타났다"라는 소년의 외침에 마을 사람들은 한두 번은 도와주러 달려옵니다. 하지만 세 번, 네 번 거짓말이 반복되면 진짜 위기에서 믿고 따를 사람이 없게 되죠.

이는 말과 행동이 다른 데서 비롯됩니다. 시공 중인 아파트가 무너져 내리는 건설사에 기대할 신뢰는 과연 무엇일까요? 신뢰는 종이와 같아요. 한번 구겨지면 원상태로 되돌리기 힘듭니다. 어찌어찌 가능은 하겠지만 노력 대비 좋은 효과가 나지 않습니다. 처음부터 구겨지지 않도록 모든 힘을 쏟거나 새 종이로 갈아치우는 것이 더 낫죠.

MEET의 마지막 키워드인 신뢰. 이것은 어떻게 확보할 수 있을까요? 그 구체적 이야기로 들어가보죠.

| T_Q1 |

우리 회사의 미션과 비전에 대해 알고 있고 그에 동의한다.
메시지 1 미션 & 비전

"앞을 못 보는 것보다 더 비극적인 것은 비전 없이 세상을 볼 수 있는 것이다."
The only thing worse than being blind is having sight but no vision.

헬렌 켈러 Helen Keller의 말입니다. 저는 이 말을 참 좋아합니다. 저 역시 한때는 별다른 인생 비전도 없이 수동적인 직장인으로 지냈습니다. 그런데 마흔이 넘으면서 이런 생각이 드는 거예요.

'이 상태로 인생의 마지막에 이르면 어떻게 될까? 후회할 것 같은데.'

내 인생의 미션과 비전은 뭔지, 궁극적으로 어떤 가치를 얻고 지키기 위해 이렇게까지 애쓰고 있는 건지 궁금해지더라고요. 17년간 기업에서 조직문화와 사람에 대한 일을 해왔고 글쓰기와 스토리텔링과 네이밍하기를 좋아했으니 이 일을 평생의 업으로 삼으면 어떨까 싶었어요. 내가 좋아하는 일을 내가 원하는 방식으로 원하는 만큼 할 수 있으면서도 먹고 살 수 있는 인생, 가슴이 조금 두근거리더군요. 오랜 고민 끝에 미션과 비전을 정했습니다.

미션은 '회사는 회사답게 사람은 사람답게 일하는 일터 만들기'
비전은 '조직문화 분야에서 10만 부 베스트셀러 작가 되기'
이렇게 정했습니다.

저는 퇴사 이후 수년째 프리랜서의 삶을 살고 있습니다. 그 현실은 녹록치 않더라고요. 나이는 50대를 향해가고. 그 사이 얻은 결과물이라곤 책 4권과 10여차례의 강연, 구독자 800명을 겨우 넘긴 유튜브 채널 정도입니다. 그래도 희망을 품고 하루하루 최선을 다해 살아갑니다. 내 미션과 비전은 여전히 살아 숨 쉬고 있으니까요. 시작은 미약했을망정, 선명한 나만의 북극성을 따라 묵묵히 읽고 쓰고 그 시간을 축적해 간다면 작가로서 1만 부, 10만 부, 100만 부라는 목적지에 도착하지 말란 법은 없다고 믿고 있습니다.

미항공우주국 NASA에서 우주선을 쏘아 올릴 때 가장 공들이는 작업은 '목적지를 설정하고 발사각도를 정확히 세팅하는 일'이라고 합니다. 성공적인 탐사를 위해 고려해야 할 기술적 요인들이 무수히 많지만 발사각도가 0.0001°만 틀어져도 우주선 자체가 목적지에서 벗어나 저 멀리 안드로메다로 가기 때문이랍니다.

목적지를 정하고 발사각도를 조정하는 일련의 과정을 회사에 빗대어 봅시다. 이는 미션과 비전을 정한 후 모두에게 공감을 얻고 내재화하는 일과 같아요.

물론 어느 정도 모양새를 갖춘 기업 치고 비전, 미션 등을 기술해놓지 않은 곳은 드물죠. 기업의 탄생과 동시에 가장 먼저 세팅해서 액자(실제 액자든, 공식 포털이든)에 끼워 놓습니다. 문제는 그것들이 깜깜한 밤하늘에 높이 떠올라 밝게 빛을 냄으로써 방향을 안내하는 북극성으로 존재하지 않고 그저 액자 속에 갇힌 죽은 문구로 끝난다는 데 있어요. 입사 면접 때나 슬쩍 살펴봤을까? 일단 들어오면 1년에 한 번 뒤적여 볼까 말까 한 장식품에 그치고 맙니다.

그러던 어느 날, 조직문화계에 느닷없는 지각 변동이 일어났습니다.

 '송파구에서 일을 더 잘하는 11가지 방법'

플랫폼 기업인 '배달의 민족'의 사내지침이 외부에 알려지면서 크게 이슈가 됐죠. 망치로 머리를 한 대 맞은 것 같았어요. 회사의 일하는 방식을 이렇게도 쓸 수 있다니. 센스 있고 위트 있고 무엇보다 정말 이렇게 일하면 되겠네 라는 생각이 드는 겁니다. 마치 먼지 풀풀 나는 고대 유물처럼, 한없이 딱딱하고 와닿지도 않았던 '일하는 방식'이 비로소 발굴되어 그 위용을 뽐내는 것 같았어요. 하늘 높이 떠 있던 뜬구름이 바닥으로 내려와 손에 잡히는 듯한 구체적 지침으로 직장인들 앞에 등장한 겁니다.

그 이후 신생 스타트업들을 중심으로 자신만의 독특한 비전, 미션, 핵심 가치를 담고 그에 걸맞은 행동을 보여주는 선언문들이 봇물처럼 터져 나왔어요.

분명한 건, 앞으로의 비즈니스 환경은 눈앞의 이윤에 급급해 인간을 부품 취급하는 비인간적 기업보다 장기적이고도 고차원적인 가치, 자신만의 아이덴티티가 명확한 인간적 기업이 성장은 물론 생존에도 유리할 전망이란 점입니다. 그래야만 한다는 당위를 넘어 수익의 차원에서도 그래요. 내부인인 구성원은 물론, 외부인인 고객에 이르기까지 자신이 믿고 따르는 가치관에 딱 맞아떨어져야 비로소 움직이는 '가치소비'가 대세가 됐기 때문입니다.

'가치소비'는 결코 단편적으로 끝나지 않습니다. 내가 선택한 기업이 갑질을 하지는 않는가? 환경을 지키는가? 더불어 살고자 하는가? 단순히 물건을 사고파는 소비자와 공급자의 관계를 넘어 한 차원 높은 가치관을 제시하고 받아들이고 함께 가려 하는가?를 묻고 있어요.

이에 맞춰 우리는 어떤 끝그림을 그렸는가, 어떤 가치관을 가졌는가, 그것이 맞건 틀리건 일단 내 내면의 무언가를 강하게 자극해 꿈틀거리게 하거나 가슴 뛰게 하는 무언가에 대한 선명한 답을 가지고 있어야 합니다.

이 시대 최고의 경영사상가로 불리는 짐 콜린스 Jim Collins는 이렇게 말했어요.

> "조직의 핵심 가치를 지키고, 존재 이유를 강화하며, 열망을 향해 꾸준히 전진할 수 있게 자극하는 방향으로 조율되어 있는지를 확인한다. 다른 행성에서 온 방문객(외계인)이 그 조직에 들르더라도 종이에 적힌 내용을 읽지 않고 비전을 추측해 낼 수 있다면 훌륭하게 조율된 상태다."

자, 이제 우리 회사의 비전, 미션을 꺼내서 읽어보죠. 아, 그런데 어디에 있는지도 잘 모르겠다고요? 흠. 뭔가 기억이 날 듯한데, 혁신이니 열정이니 그런 게 들어가 있긴 한 것 같은데 잘 기억은 나지 않는다고요? 복도 어딘가, 회의실 어딘가, 화장실 변기 앞에 붙어 있는 것 같고 오며 가며 수없이 본 것 같은데 질문을 받으니 머리가 멍해진다고요? 사실 한 번도 심각하게 생각해 본 적이 없다고요?

그렇다면 답이 나왔네요. 우리 회사에 방문한 외계인은 여기가 뭐하는 곳인지 알아채지 못할 것입니다.

미션, 비전, 핵심가치부터 재정비 하세요.

우리는 왜 이 회사에 모여 있고, 또 무엇을 위해 일할까요? 다소 허황될지라도 아, 저런 비전이 달성되면 정말 좋겠네~ 하는 생각이 절로 드는 큰 그림을 가지고 있나요? 이런 질문을 던지고 진지하게 답할 수 있어야 합니다.

> 회사의 미션, 비전만큼은 Top down으로
> CEO가 먼저, 직접 챙기세요.
> 액자 속 구호가 있다면 그것부터 꺼내서 폐기하세요.
> 아예 없다면 잘 됐네요.
> 새로 시작하는 게 더 편하니까요.

자포스 Zappos의 창업자 토니 셰이[34] Tony Hsieh는 자포스가 추구하는 방향성을 고민하며 100여 개에 달하는 미션 statement, 행동지침, 핵심가치 초안을 직접 작성해 전 구성원에게 공유했어요. 이후 거듭된 오프라인 워크숍과 수시 온라인 소통을 통해 추려진 최종 10개의 문장을 '자포스 웨이 Zappos Way'로 확정했죠. 창업자의 주도로 시작했지만 모든 구성원이 참여해 현실적이면서도 모두가 공감하는 '존재의 이유'가 비로소 탄생한 겁니다.

이들은 'Delivering WOW Through Service'라는 자포스의 미션을 바탕으로 타 기업들이 천덕꾸러기 취급하는 TM TeleMarketing 기능에 의미와 가치를 부여했습니다. 자포스가 취급하는 품목은 신발에 한정되지만 '가장 맛있는 피자집을 추천해 달라'는 엉뚱한 문의에도 성의 있게 임하고, 부모상을 당한 고객에게 꽃과 위로 메시지를 보내는 등 고객만족을 넘어 감동을 불러일으키는 서비스 사례로 유명하죠.

---

34) [딜리버링 해피니스], 토니셰이, 북하우스, 2010

미션과 비전을 전담할 부서가 없다면 꼭 그것부터 만드세요. 조직문화팀, 피플팀 명칭은 아무래도 좋습니다. 단 최고의 실력을 가진 에이스 직원들로 구성해 권한과 책임을 부여하고 힘을 실어주세요. CEO직속 조직으로 만들거나 최소한 독립된 정식 조직으로 만드는 것이 중요합니다.

사실, 회사의 메시지를 총괄하며 현장의 다양한 목소리를 듣고 조율하는 역할을 맡은 조직이 없다면, 미션, 비전, 핵심 가치 같은 중요한 회사 방향성이 구성원들에게 명확히 전달되고 공감대를 얻어 실질적인 힘을 발휘하기란 쉽지 않습니다.

우리 형편에... 인사나 총무팀에서 병행하면 안 될까? 그럴 생각이라면 관두세요. 차라리 아무것도 하지 말고 내버려두는 게 낫습니다. 본업을 두고 병행으로 떠맡게 된 일은 99.9% 제2, 제3의 일로 밀리기 일쑤니까요. 일이 제대로 진행될 리 없어요. 대부분은 단순한 흉내 내기나 불필요한 요식행위로 비쳐 한여름 한바탕 쏟아진 소나기처럼 잠시뿐인 효과만 남기고 소중한 인풋(돈, 시간, 노력)만 낭비하게 될 테니까요.

구성원들이 가지고 놀게 하세요.

요즘 세대 구성원들. 콘텐츠 만드는데 선수들입니다. 관심이 가고 흥미로운 일이라면 누가 시키지 않아도 알아서 찾아서 합니다. 퇴근 후 개인 시간을 내서라도 꼭 합니다. 재미없고 지루하고 호기심이 생기지 않기 때문에 하기 싫은 거예요.

액자 속 케케묵은 형식지는 끌어내려 불태우고 함께 만든 현실의 비전과 미션을 다양한 방식으로 물고 뜯고 맛보게 해보세요. 회사 포털에만 올려놓은 채 방치하지 말고 유튜브, 인스타 따위 모든 채널을 동원해 다양한 형태의 콘텐츠로 노출케 하세요.

이것저것 호기심 넘치는 내부 구성원을 파악해 그 재능을 활용하세요. 가능하다면 장비와 시설도 지원해 주고 사내 PD, 작가, 크리에이터처럼 대우하세요. 그리고 그 일을 업무 중 일정 비율로 인정해 주세요. 회사와 자기 자신을 효과적으로 알리는 수단이 될 겁니다.

> 조직 문화 개선을 시도하며 외부 컨설팅에 의뢰해 '도전 10초' 같은 단체 게임을 하거나, 플립차트에 적은 '나의 다짐'을 발표하고 '파이팅' 구호를 외치며 으쌰으쌰식 뒷풀이에 그치는 이벤트성 워크숍은 경계해야 합니다. 이러한 단편적이고 형식적인 시도만으로는 진정한 조직 문화 개선을 이루기 어렵기 때문입니다.

딱딱한 보고서 형식 말고 스토리텔링 방식으로 표현하게 하세요. 우리의 현재는 어떤지, 앞으로 어디로 가려는지, 부족한 것은 뭔지, 어려움은 어떻게 극복할 건지, 도착한 최종 목적지에 어떤 이상향이 있는지 등이 우리의 목소리로 이야기되어야 합니다. 이는 서사를 내러티브화 해 과거와 현재를 기술하고 미래를 상상해

지난 궤적과 연결시키는 일입니다. 그 가슴 벅찬 도착점에 기꺼이 마음을 열고 동참해 작은 힘이라도 보태고 싶다는 마음이 들도록 만드는 일이에요.

> **"세상의 모든 물건을 우리를 통해 사도록 하겠다"라는 아마존의 미션, 그 비전은 AWS(클라우드), 아마존대시, 물류센터의 대규모 확충 및 100% 자동화 같은 구체적 실현으로 이어졌죠.**

데이터와 숫자만으로는 가슴이 뛰지 않습니다. 연 매출 150% 달성, 순이익 20% 상승 따위의 따분한 비전은 CEO, CFO들에게나 줘버리고 실행단위에서는 구성원의 마음을 뒤흔드는데 전력을 다해야 합니다.

"10년 안에 달에 사람을 보내겠다!"

만일 미국 제 35대 대통령 J.F 케네디가 "우주 과학 기술개발에 힘쓰겠습니다."라고 했다면 아무도 듣지 않았을 거예요. 한계도 제한도 정형화된 틀도 없이 모든 가능성을 열어 놓으세요. 우리가 해왔던 게 아닌데? 예전엔 안 그랬는데? 외부에 맡기지 그래? 볼멘 소리는 집어치우고 뭐가 됐든 이들에게 맡기세요.

B급 정서여도 좋고 아마추어 느낌이 물씬 풍겨도 좋습니다. 어떤 형태로든 마음껏 콘텐츠를 만들고 노출할 수 있도록 독려하세요. 이른바 '갬성'은 그런 다양한 시도에서 불쑥 튀어나오게 마련이니까요. 답은 모두가 살아 숨 쉬는 그곳, 바로 현장에 있습니다.

| T_Q2 |

타 회사와 비교해 우리 회사만의 차별화된 핵심가치가 있다.
메시지 2 핵심가치(차별화)

핵심 가치가 뭡니까? 누군가 묻는다면 저는 이렇게 답하겠습니다.

"온리원!"

디즈니 랜드/월드의 4대 가치[35]는 '안전' '고객만족' '외관' 효율성'입니다. 이중 온리원은 바로 '안전'입니다. 그 어떤 가치도 안전에 앞설 수 없어요. 디즈니 캐스트 놀이공원 운영직원들을 이렇게 부릅니다 들은 안전에 문제가 있다고 판단할 경우 직위고하에 관계없이 자체적으로 놀이시설을 멈춰 세울 수 있습니다. 윗선에 보고해 지시가 내려올 때까지 손 놓고 우왕좌왕하지 않습니다. 안전에 관한 한 골든타임을 놓치지 말라는 지침을 입사와 동시에 철저히 훈련받기 때문이에요.

미키 마우스, 마블 히어로 등 수많은 캐릭터와 환상적인 디즈니성과 시설물, 짜릿한 놀이기구 등 디즈니 랜드/월드를 상징하

---

[35] [디즈니 리더십 수업], 댄 코커렐, 현대지성, 2023

는 가치들은 많지만 내부 구성원들이 0순위로 지켜내는 '온리원' 핵심가치, '안전'이야말로 오랜 기간 고객의 신뢰를 사로잡은 열쇠였던 셈이죠. 이곳을 방문하는 고객들은 '안전'에 대해 의식할 필요조차 없어요. 안전은 디폴트값이니 즐겁고 행복한 경험만 가져가면 됩니다. 디즈니의 변함없는 명성은 핵심 가치에 대한 모든 구성원들의 무한 헌신에서 나옵니다.

이번엔 그 유명한 애플을 한번 보죠. 스티브 잡스의 오랜 파트너였던 켄 시걸 Ken Segall 은 자신의 저서 『미친듯이 심플』[36]에서 이렇게 말했어요.

> "위대한 기업은 변치 않는 가치관의 바탕 위에서 만들어진다는 말을 믿는다면, 어느 시점에서는 회사에 꼭 어울리는 단 하나의 문구를 붙일 수 있을지 모른다."

그 단 하나의 문구가 바로 그 유명한 '다르게 생각하라 Think different'입니다. 스티브 잡스는 마음에 들지 않는 보고나 제안이 오면 그 즉시 이렇게 말했다고 해요.

> "그건 애플이 아니에요."

철저히 사용자, 고객 관점에서 최소한의 본질만 남겨 놓는 애플의 상품성과 서비스, 물리적 공간과 UX를 향한 집착의 시초는 '낯섦'이었을 겁니다. 오직 사물에 대한 본질, 그 이외의 것들을 몽

---

36) 김광수(번역), 문학동네, 2014

땅 덜어내면 그 자체로 가치 있고 효율성이 극대화된 된다는 단순함의 극치, 그것이 오늘날 미친 듯 심플한 애플을 만들어낸 동력이었습니다. 애플의 이야기를 들을 때면 자연스레 떠오르는 위대한 예술가가 있습니다.

> **"다비드는 이미 돌 안에 존재할 뿐, 불필요한 부분을 덜어낸 것에 불과하다."**

Less is more, '다비드상'이라는 걸작을 빚어냈던 미켈란젤로입니다. 시대와 분야를 뛰어넘어 본질과 덜어냄의 미학으로 각자의 시대를 풍미한 두 천재는 어쩌면 그리 닮았는지요.

저는 고객환대 **Hospitality** 산업의 대명사격인 특 1급 호텔에서 조직문화 책임자로 14년간 일했습니다. 대기업 소유의 호텔인 만큼 전형적인 호텔 브랜드와는 거리가 있었죠. 800여 개의 객실을 포함해 다양한 레스토랑이 있었고 현장 근무자들은 기능적으로는 프로페셔널에 가까웠습니다. 친절함을 기본으로 장착한 서비스의 달인들이었죠. 수십 년에 걸쳐 전해지는 헤리티지 또한 무시하지 못했어요. 자신들만의 노하우 역시 단단한 듯 보였죠.

대기업의 룰을 따르는 사무직 **Back office** 와 외국계 프랜차이즈 룰을 따르는 현장이 상당 기간 공존했습니다. 말이 좋아 공존이지 기업의 철학과 정체성은 짬뽕이나 다름없었어요. 단 하나의 핵심가치가 작동할 리 없죠. '고객감동'이라는 핵심가치를 강조하는 것 같으면서도 결정적 순간에는 '매출'이라는 또 다른 가치가 그 앞을 가로막곤 했어요.

연말 평가 시즌이 되면 '고객을 얼마나 감동시켰는가? 만족시켰는가?'라는 지표는 온데간데없고(있더라도 형식적이고) 온통 매출이 얼마인가? 공헌 이익이 얼마인가? 인건비를 얼마나 줄였는가? 따위의 숫자 지표로 현장 리더들을 평가했습니다. 그 일관성은 하나의 메시지가 되어 현장은 오직 '매출'만이 정답임을 은연중에 알아차렸죠. 자연히 '고객만족'이라는 허울좋은 핵심 가치는 점차 훼손되기 시작했어요. 고객의 작은 불만이 총지배인이 나서야 할 분쟁으로 커지는 일이 잦아졌죠. 고객만족, 감동이 가장 중요하다면서 정작 고객의 불만을 키우고 서비스 질을 떨어뜨리는 일이 빈번해졌죠.

딱 하나만 남기세요.

태양이 두 개일 수 없듯 핵심가치 역시 반드시 하나여야 합니다.

'고객감동'과 '매출'을 동시에 추구하라는 지침은 매우 비겁합니다.
두 개의 가치는 절대로 양립할 수 없기 때문이에요.

고객감동이 이뤄진 후 매출이 진작되는 등 순차적으로 이루어질 수는 있어도 두 상반된 가치를 동시에 만족시키는 일 따위는 일어나지 않습니다. 양립할 수 없는 복수의 가치를 동시에 내세우는 순간 MOT Moment of Truth 현장은 혼돈에 빠지고 맙니다. 이렇게 되면 눈앞의 이익을 위해 회사의 Identity, 존재의 이유를 깎아먹는 일에도 거리낌이 없어집니다. '남들도 다 그렇게 하는데' 하며 집단 의식에 빠지고 맙니다. 당장 내 자리를 연명할 수나 있을지 불안해질 때 매출, 숫자에 집착합니다.

'크레도 Credo'는 단 하나의 핵심가치여야 합니다. 선택의 기로에서 모두에게 이로운 판단과 행동으로 이끄는 이정표가 되어야 합니다. 디즈니의 신입 캐스트가 '안전'이라는 단 하나의 핵심가치를 내재화 했을 때, 타 고객의 불편을 야기하고 컴플레인이 쏟아질 위험에도 불구하고, 몸이 불편한 할머니 단 한 사람을 위해 놀이기구를 멈춰 세우는 용기의 원동력이 생깁니다.

결정적 순간, 조직의 모든 구성원이 판단의 근거로 활용하는 그것. Only one의 가치. 그것이 없다면 반드시 만들고 복수라면 단 한 가지로 줄이세요.

이윤이 기업의 존재 이유라는 사실을 부인할 수 없지만, 핵심가치를 이행하고 실현하는 과정에서 따라오는 '후행적' 가치, 신뢰는 눈앞의 이윤을 아득히 초월한다고 믿습니다. 핵심가치 앞에

은근슬쩍 이윤을 내세우는 관성을 경계하세요. 정말 매출, 이윤이 먼저면 당당하게 그것을 전면에 내세우세요. 곧바로 현장에서 들통날 입바른 핵심 가치일랑 꺼내지도 마세요. 신뢰란 말과 행동이 일치할 때 생깁니다.

한번 정한 핵심가치는 절대로 지키세요.

새 CEO가 부임하면 기존의 모든 문화적 활동들이 올스톱 됩니다.

'새 술은 새 부대에!'

새 CEO는 자신만의 경영철학을 전파하고 싶은 욕구가 큽니다. 한 조직의 수장 자리에 오른 만큼, 자신만의 성공 철학을 펼치고 싶습니다. 그러자니 전임자의 색깔이 묻은 모든 것이 불편합니다. 이전까지 전임자 체제에서 문제없이 진행되고 있는 프로그램이나 성공적으로 정착된 제도라도 예외 없어요.

새 CEO는 조직문화책임자(전담 조직이 없다면 인사총무팀장을)를 불러 새로운 문화 키워드를 제시하고 의견을 묻습니다. 이런 일을 이미 예상하고 있던 조직문화책임자는 신년 임원, 팀장 워크숍을 제안합니다. 취임 일성으로 새 조직문화 키워드를 공표하고 그것들을 내재화하는 작업을 순차적으로 진행하는 식이에요. 대개 그렇습니다.

새 CEO가 제시한 키워드는 '열정' '창의' '스피드'의 세 가지입니다. 모두 좋은 개념이고 그룹 철학에도 부합하죠. 일단은 그럴듯해 보입니다. 두루뭉술한 관념이기 때문이죠. 문제는 그 계획에 다른 회사 이름을 붙여도 어색함이 1도 없다는데 있습니다.

"누가 봐도 이 회사 이야기네?"라는 Identity가 빠졌으니 앙꼬 빠진 찐빵이에요. 왜 이 찐빵을 여기서 사먹어야 하는지도 알 수 없어요. 자신만의 철학이 있고 그것을 내재화하기 위해 방향성을 제시하는 일은 바람직하지만, 회사의 특성과도 별 연관이 없는, 경영학 교과에서나 볼법한 일반 개념을 앞세워 이전 CEO의 흔적을 뒤집는 사례는 놀랄 만큼 흔합니다.

이때 내부 구성원들은 혼란스럽습니다. 내용물은 큰 차이도 없어 보이는데, 겉포장만 바꾸는 요식행위로 비치기 때문입니다. 마치 원점에서 다시 반복되는 '시지프스 형벌'과도 다름없습니다. 어차피 초기에만 우~하고 곧 흐지부지되고 말 것이라는 불신이 팽배해지는 이유죠.

적어도 이전부터 지켜온 고유의 핵심가치가 명확하다면 그것만큼은 절대로 손대지 마세요. 시대의 변화, 트렌드의 흐름에 따라 구체적인 행동지침 몇 가지가 달라질 수는 있어도 기업이 존재하는 본질, 고객과 구성원이 교감해 온 단 하나의 핵심가치는 흔들려서는 안 됩니다.

|T_Q3|

우리 회사 경영진은 약속한 바를 실제 행동으로 이행한다.
메시지 3 언행일치

> "떠벌림이란 말만 하고 실행하지 못할 때 쓰는 말이다. 나는 내가 한 말은 실행에 옮긴다."
>
> – 무하마드 알리

일본원숭이 무리를 관찰하면 흥미로운 패턴을 발견할 수 있습니다. 원숭이들은 먹이를 찾거나 서로 털을 골라주는 등 일상적인 활동 중에도, 평균 5초마다 한 번씩 시선을 어떤 대상으로 향합니다. 그 끝에는 다름 아닌 우두머리 원숭이가 있습니다.

인간 역시 일을 할 때 리더의 눈치를 빈번하게 살핍니다. 아침에 출근해서 팀장의 기분이 좋은지 나쁜지, 보고를 해야 하는데 상무에게 깨지고 온 것은 아닌지, 퇴근을 할 때도 팀장의 방에 불이 꺼졌는지 켜졌는지를 거의 매 순간 확인하면서 직간접적인 영향을 받습니다.

팀 내에서 보면 맞선임과 팀장으로부터 가장 많은 영향을 받고, 회사 전체로 보면 사장과 임원, 그중에서도 제도를 다루는 인사담당 임원이 관심의 중심이 됩니다. 마치 평평한 광장에 우뚝 솟은 시계탑처럼 일거수일투족이 시시각각 모니터링되고 아주 사소한 말이나 제스처까지도 어떤 메시지를 담고 있는 것은 아닐까? 곧 있을 변화에 대한 힌트가 아닐까? 하며 신경을 곤두세우게 되죠.

조직 내에서 다수의 주목을 받는 위치에 선다는 건 긍정과 부정 양면을 모두 가집니다. '왕이 되려는 자 왕관의 무게를 견뎌라'는 격언처럼 거대해진 권한과 책임 사이에서 아슬아슬 줄타기하는 곡예와도 같지요.

문제는 권한보다 책임을 앞에 두고 말과 행동을 조심하는 리더가 정말이지 드물다는 점이에요. 공식적인 리더가 된 초반에는 어느 정도 긴장감을 가지고 초심을 잃지 말아야지 하는 마음을 먹지만 '자리가 사람을 만든다'는 말처럼, 그 자리에 익숙해지면 돌변하는 경우가 잦아요.

회사 자체를 큰 맥락의 리더라고 가정한다면 각종 제도, 그중에서도 인사제도는 '신뢰'에 가장 큰 영향을 미치는 요인이 됩니다. 제도는 그 자체가 '메시지'로 작용합니다. 우리 회사가, 우리 조직이 무엇을 가장 중하게 여기는지를 증명하는 바로미터죠. 당장 급여인상, 평가, 승진 등 직접적인 실생활과도 연결됩니다.

일상생활에서의 공기나 물처럼 평소에는 특별한 영향력을 감지하지 못하지만, 연말이 다가오면 그 존재감이 커집니다. 회사와 경영진이 일 년 내내 표방한 메시지가 얼마나 행동으로 옮겨졌는지를 증명하는 시간이기도 하죠. 이는 공정성, 투명성, 형평성이라는 다음 세 가지 질문으로 표면화됩니다.

> 공정성은 정해진 기준에 예외 없이 따랐는가?
> 투명성은 적용 과정이 숨김없이 공개되는가?
> 형평성은 남들과 비교해 더함이나 덜함이 없는가?

문제는 인간이 운영하는 제도 치고 예외가 없을 수 없다는 점이에요. 기준 자체가 처음부터 잘못되었을 수도 있고, 중요한 의사결정 과정이 밀실에서 소수의 권력자와 실무자에 의해 비밀리에 진행되기도 하고, 알 수 없는 이유로 내가 한 만큼 인정받지 못하는 억울함이 생기기도 합니다. 평가권자 개인의 호불호, 사내정치게임, 나눠먹기, 최고권력자의 막무가내 개입 따위 변수가 시도 때도 없이 끼어들 때 제도의 신뢰는 뿌리부터 흔들립니다.

불이익을 받은 개인 역시 뭔가 잘못되었다 느끼지만 회사에 이의를 제기하기는 어쩐지 꺼려집니다. 용기를 내어 손을 들었다 해도

"나는 잘 주려 했는데, 위에서…"

라며 책임을 돌립니다.

"어떻게 다 좋기만 할 수 있어. 조직 생활하다 보면 때로는 손해를 볼 때도 있는 거지. 그거 다 결국 돌아와. 그러니 잊어." 라는 무책임하고 공허한 위로가 이어집니다. 대다수는 체념하거나 받아들이기로 하지만 뭔가 모를 응어리가 남습니다. 그런 사람들이 많아질수록 조직 전체에 불신이라는 실금이 조금씩 그어집니다. 이는 악순환의 고리를 만들어 또 다른 불이익과 불공정 이슈를 부르고 급기야 만성적 불신으로 천착합니다. 하지만 더 무서운 것은 그런 상태에서도 회사는 꾸역꾸역 돌아간다는 점이에요. '이래도 괜찮은가 보다' 하며 조직원 모두가 불감증에 빠집니다.

잘못된 관행을 관성적으로 유지하는 것도 문제지만, 제도를 바꾸는 일은 더 힘듭니다. 대개 2년 계약직 신세인 임원들이 마지막 해가 되면 그럴듯한 실적을 내기 위해 제도 개선을 추진하는 경우가 많은데, 이때 구성원들의 편의라는 본질은 간데없고 임원 개인의 사심 가득한 졸속 개선이 이루어질 가능성이 높습니다. 그런데 구성원에게도 눈과 귀가 있거든요. 아무리 감언이설로 포장하고 그럴듯한 명분으로 꾸며도 '그 최종 결과물이 누구를 가리키는가?'가 선명해지면 마침내 그 숨은 의도가 표면으로 드러나게 됩니다.

특히 기업이 위기에 빠졌을 때, 경영진의 기만은 노골적으로 자행됩니다. '생존'을 유일한 화두로 정리해고, 비용감축 등 비인간적 의사결정을 밀어붙이면서도 일말의 가책이 없습니다. 당장 현장의 원성을 무마하기 위해 지키지도 못할 약속을 툭 뱉었다가 별 고민도 없이 주워 담는 일은 셀 수도 없어요. 한 번이 어렵지 두 번, 세 번 그 다음은 일사천리죠.

허황된 선언, 사심을 숨긴 포장된 메시지가 난무하고, 실제 벌어지는 일과 그 속내가 현저히 다를 때 현장의 괴리감은 극대화됩니다. 이 간극이 클수록 구성원들의 회사, 경영진을 향한 불신은 짙어지고 냉소와 비아냥이 판을 칩니다. 경영진의 명을 받아 수상한 제도를 기획하고 앞장서서 이행한 실무 부서(보통은 인사팀)는 경영진을 대신해 덤터기를 씁니다. '경영진=인사부서'라는 인식 때문이에요. 그렇게 회사는 구성원들로부터 신뢰를 잃고 모든 메시지는 더 이상 영(令)이 서지 않게 됩니다.

『스타벅스 웨이』[37]의 저자 조셉 미첼리 Joseph A. Michelli는 조직의 신뢰에 대해 이렇게 말했어요.

> "직원들이 당신의 말을 듣고 그 말에 부합하는 행동을 볼 때, 그리고 상충하는 이해관계 사이에서 균형을 맞추려는 노력을 투명하게 알 수 있을 때, 또 당신이 그들을 배려하는 동시에 회사의 장기적인 지속가능성에 대해서도 신경 쓴다는 사실을 이해할 때 신뢰는 계속된다. 경영자는 정직성과 신뢰가 언행일치에서 온다는 점을 이해해야 한다. 가치와 약속에 부합하는 행동을 하면서 자신의 취지, 실수, 성과를 전달해야 한다."

---

37) 강유리(번역), 현대지성, 2019

아주 작은 권위만 주어져도 그 영향 하에 있는 사람들에게는 주목의 대상이 됩니다. 지나가며 툭 던진 말 한마디가 메시지가 되어 삽시간에 소문으로 퍼지는 일도 흔하죠. 공과 사의 구분 없이 그저 '좋은 게 좋은 거'라는 가치관을 가진 사람일수록 말실수가 잦은 이유예요.

회사 시스템, 그 자체가 메시지입니다.

우리 회사는 무엇을 중시하고 귀하게 여기고 어떤 행동과 성과를 높게 치는지를 알고 싶다면 조직도를 보면 됩니다. 더 알고 싶다면 제도, 인사발령 등 전반적인 시스템을 살펴보세요. 사실상 그 안에 회사의 메시지 대부분이 들어 있어요. 회사가 제시한 게임의 규칙, 룰, 가이드를 바탕으로 판단하고 실행한 결과물들이기 때문입니다.

회사와 구성원, 서로의 탄탄한 신뢰 속에 조직이 운영되려면 공정성, 투명성, 형평성이 충분히 확보되어야 합니다.

문제는 어떤 제도든 운용에 예외가 생긴다는 점이고 그 예외가 빈번하면 제도와 시스템에 대한 신뢰는 그 즉시 흔들린다는 사실이에요. 한번 신뢰를 상실한 회사의 메시지는 더 이상 원활히 작동하지 않습니다. 굳이 예외를 적용해야 한다면 별도의 예외조항을 따로 만들어 구성원 모두에게 공표하고 동의를 얻어야 합니다. 왜 그렇게 되었으며 어떤 과정을 거쳤는지 누구라도 최소한의 납득을 할 수 있도록 '설명'해야 합니다. 주머니 속 곶감 빼먹듯 최고 권력자의 맘대로, 실무자의 재량으로 마구 이루어진다는 의심이 생겨서는 안 됩니다.

> #### #드라마 [미생]의 한 장면
>
> 신입사원 장백기는 전무의 낙하산으로 입사한 동기 장그래를 향해 이렇게 말합니다.
>
> "절차라는 건 장그래 씨가 생각하는 것보다 훨씬 중요한 것인지도 모르죠. 일종의 약속이니까요. 많은 사람들은 그 약속을 믿고 준비하고, 계획하고, 실행하거든요. 최소한 그 약속을 믿고 사는 사람들이 바보가 되는 일은 없어야 하는데."

최고의 스펙을 가졌으면서도 고졸 낙하산 장그래를 향해 가지게 된 내면의 열등감을 표출하는 장면이지만, 저는 장백기의 말에 전적으로 공감했습니다. 물론 당사자를 앞에 두고 배려의 필터도 없이 직격하는 모양새가 썩 마음에 들지는 않지만 메시지 자체는 타당하죠. 모두가 공유하는 전제, 약속에 대해 예외가 없어야 함은 기본 중 기본이고, 혹시라도 예외가 생겼다면 납득할 만한 설명과 양해가 뒷받침되어야 마땅합니다.

인사발령 역시 그 자체로 메시지가 됩니다. 조직개편으로 새로 만들어지거나 강화되거나 아예 없어지거나 축소되는 흐름을 보면 이 회사가 어떤 기능을 중시하는지 적나라하게 드러납니다. 말로는 구성원의 행복한 조직문화 구축을 위해 최선을 다하겠다 해놓고 조직문화 기능을 없애거나 대폭 축소한다면 그 자체로 기만입니다.

우리 회사가 믿을만한 회사인지 의심스럽다면, 이제부터 조직도와 시스템, 제도를 찬찬히 뜯어보세요. 그 안에 답이 있습니다.

리더의 모든 말과 행동은 그 자체로 메시지가 됩니다.

어떤 위치에 오르면 그 자체로 하나의 시계탑 같은 존재가 됩니다. 주변의 모든 사람들이 시계탑을 기웃거리며 몇 시가 되었는지 살핍니다. 시계탑이 엉뚱한 시간을 말하거나 때가 되지 않았는데 종을 울리면 혼란이 생깁니다. 한두 번이면 실수로 넘어갈 테지만 세 번, 네 번 반복되면 시계탑으로서의 기능을 상실하고 맙니다.

공과 사 구분 없이 쓸데없는 말이 잦은 리더일수록 자신의 말이나 행동이 구성원들에게 어떤 메시지로 작용될 수 있다는 사실을 인지하지 못합니다. 이 경우 앞뒤가 다른 표리부동한 사람으로 인식될 가능성이 높아집니다.

구성원의 입장에서도 리더의 모든 말을 귀담아듣고 숨겨진 본의를 해석하느라 시간을 낭비할 필요가 없어요. 중요한 순간에 필요한 메시지는 대개 혼란의 여지없이 명확해야 합니다. 사실상 별 의미도 없이 내뱉었을 가능성이 높은 리더의 말과 행동은 그냥 흘려도 좋습니다. 홀로 확대 해석해 앞선 걱정을 한다거나 불필요한 고민으로 시간을 낭비하지 마세요. 상사의 지시가 도통 무슨 뜻인지 모호하다면 즉시 되묻고 확인하면 됩니다. 그 과정에서 리더 역시 뜻밖의 피드백으로 스스로의 언행을 되돌아볼 기회를 얻게 됩니다. Win-win이죠.

나쁜 소식일수록 리더가 전면에 나서야 합니다. 뒤에 숨지 말고 직접 소통하세요. 불편한 의사결정을 내려야 할 때는 무조건 솔직해지세요. 회사의 사정이 나쁘면 왜 나쁜지, 얼마나 나쁜지 속 시원히 털어놓고 심사숙고 끝에 어렵게 내린 결단임을 알리세요. 누가 최종 결정권자인지 모두가 아는데 마치 다른 이의 책임인양 떠넘기지 마세요.

시간이 없다는 핑계도 대지 마세요. 지금 그 일보다 더 중요한 일은 없어요. 당사자뿐 아니라 남은 사람들에게도 선명한 메시지가 됩니다. 안 좋은 일에 전면으로 나설수록, 진정성과 고뇌가 담겼음을 믿게 되어 있어요. 고통스럽고 곤란한 시점에 책임을 가진 자가 홀로 쏙 빠져 타인에게 책임을 떠넘기는 일만큼 불신을 자초하는 일은 없어요.

'나는 나쁜 말을 못 하는 사람'이라는 착한 사람 콤플렉스도 집어치우세요. 무책임하고 진정성 없는 감언이설로 포장할 바엔 모질어지는 편이 백 번 낫습니다. 불편한 소식이라도 확실한 팩트에 기반해 사실관계를 당사자에게 알려주는 일이야말로 멋진 배려예요. 그래야 당사자도 무엇을 채워 넣고 대비할지 정확히 알게 될 테니까요.

부디, 겉과 속을 달리 하지 마세요.

| T_Q4 |

우리 회사의 주요 의사결정은 공식적인 기준과 절차, 채널에 의해 투명하게 공개된다.
시스템 1 투명성

'너무 맑은 물에서는 물고기가 살 수 없다'는 말이 있습니다. 동의하시나요?

사람이 지나치게 착하고 순수해서 속마음을 다 보여주면 이용당한다는 섬뜩한 경고. 적당히 세속적이고 의도를 드러내지 않고 불의에 눈 감을 줄도 알고, '좋은 게 좋은 거'라며 넘어갈 줄도 알아야 사회생활이 가능하다는 자못 근엄한 일갈.

이 말을 회사에 적용해보면 '성과를 위해서라면 수단과 방법을 가리지 않고 필요하면 편법이나 불법을 자행해서라도 회사의 이익을 도모하라'는 주문 정도 될까요?

물론, 비즈니스 환경이란 것이 워낙 경쟁이 치열하고 여차하면 도태되는 전쟁터와 같기에 '모든 규범과 법적 절차 따위를 하나하나 다 따져가며 투명하게만 경영하면 대체 어떤 회사가 살아남을 수 있나?'하는 자조 섞인 체념도 이해는 합니다.

졌잘싸![38] '남들은 다 반칙하는데 혼자만 페어플레이해서 멋있게 지면 무슨 소용인가? 어찌 됐건 결과를 내야 의미 있지!'라는 성과주의 셈법 또한 모르는 바 아닙니다. 어렵게 얻은 자신들만의 아이덴티티, 기술, 영업 노하우 따위 특화된 무기를 혹여 경쟁사에서 빼갈지 모른다는 우려 또한 충분히 납득이 갑니다.

그런데 정말 괜찮을까요? 고개를 갸우뚱하게 됩니다.

그 안에 도통 무엇이 들어 있는지 감을 잡을 수 없는 흙탕물 속 같은 기업은 한치의 숨김도 없이 투명한 기업보다 덜 위험할까요? 혹은 건강할까요? 당장 눈앞의 이익, 결과물에 올인해 겉으론 좋아 보이지만 좀처럼 그 내막을 알 수도 없고 미래의 그림도 그려지지 않는 깜깜이 같은 회사는 오래갈 수 있을까요?

물론 상장기업의 경우 기업공개 IPO를 통해 매출과 손익구조, 현금 흐름 등을 세세히 들여다볼 수 있지만 조직 내부의 구체적인 모습을 파악하기란 쉽지 않죠. 어떤 과정을 거쳐 크고 작은 의사결정이 이루어지는지, 전횡을 일삼는 일부 특권층은 없는지, 결과를 위해서라면 과정이야 상관없고 불법과 탈법도 아랑곳하지 않는지, 그런 사람들이 음으로 양으로 대우받고 승승장구하고 있는지 등 자세한 속사정은 실제 일해보지 않는 이상 자세히 알 수 없어요.

---

38) 졌지만 잘 싸웠다 라는 뜻의 신조어

| Trust |

문제는 지나친 비밀주의, 선을 넘는 불투명성입니다. 대개 극단적 성과주의와 엘리트주의를 동반해 일을 크게 만들죠. 힘과 권력을 가진 일부가 밀실에 모여 작당하는 쑥덕공론으로 중요한 의사결정들이 이루어집니다. 대외비니 기밀이니 딱지 붙은 정보가 많아지고 다수의 구성원들은 영문도 모른 채 일방적 순응을 강요당합니다.

아니 세상에 한 식구들도 알아서는 안 되는 내부 사정이란 대체 무엇일까요? 그들이 밀실에서 결정하는 것들이 온전히 회사와 구성원을 위함인지, 오류가 하나도 없는 100% 옳은 판단인지 과연 누가 확신할 수 있을까요? 확실한 사실이 하나 있다면, 가려지거나 고인 것들은 대개 썩게 마련이라는 사실입니다.

물론 비즈니스 형태에 따라 극도의 전문성과 보안이 요구되는 정보와 기술이 있을 수는 있어요. 반도체나 배터리, 바이오 신약처럼 첨단 산업의 핵심기술 보호정책은 불가피한 면이 있지요. 경쟁사에 유출될 경우 치명적인 기밀은 철저히 관리되어야 마땅합니다.

문제는 핵심기술이나 정보도 아닌데 대외비나 기밀 딱지를 남발하며 깜깜이로 처리되는 일들이 많다는 점입니다. 특히 인사제도와 관련된 것들이 그렇습니다. 개개인의 처우와 직접적으로 관련되어 민감할 수밖에 없는데다 평가, 이동 등 의사결정에 특정인의 주관적 의사가 개입될 여지가 크기 때문이에요. 연말, 연초에는 이 문제로 시끄럽지 않은 회사가 없을 정도죠.

혹여 구성원이 어떤 결과에 불만을 품고 이의를 제기해도 '대외비'라는 이유로 산정 과정 공개를 거부하거나 '그렇게 됐어'라고 얼버무리는 이유는 크게 두 가지입니다.

1. 떳떳하지 못하기 때문에
2. AS After Sevice 과정이 번거롭기 때문에

첫째(1번의 경우), 공표된 기준에 예외가 적용되었기 때문입니다. 한두 건 정도야 그럴 수 있지만, 예외가 지나치게 잦아지면 반드시 문제가 발생합니다. 회사는 평가, 보상, 승진 등 인사 정책에 관한 명문화된 원칙을 가지고 있습니다. 그에 따라 정량 평가하여 순위대로 적용하는 것은 간단하지만, 문제는 최종 조율 과정에서 평가권자의 주관적인 의견이 크게 작용한다는 점입니다.

CEO와 임원, 인사팀 실력자 등 소위 '실력자'들의 입김 같은 '사심'이 개입하여 원래의 결과가 뒤바뀌는 문제, 즉 이른바 '마사지'가 발생합니다. 인사팀은 처음부터 이러한 예외적 상황을 염두에 두고 '최종 평가권자에 의해 결과는 조정될 수 있다' 라는 문구를 포함시키기도 합니다. 일부 조직에서는 전체 결과 중 조정될 수 있는 비율을 명시하기도 하지만, 실제 지켜지는 경우는 드뭅니다. 결국 최종 결정권자의 재량에 크게 좌우되기 때문입니다.

구성원들에게도 눈과 귀, 그리고 목소리가 있습니다. '사심'은 대체로 숨기기 어렵고 곧 드러나게 마련입니다. 도무지 납득할 수 없는 결과에 대해 이의를 제기하더라도 속 시원한 해명을 듣기란 쉽지 않습니다.(그럴 거면 처음부터 잘했겠지) 하지만 세상에 완전 범죄는 없죠. 최종 결과의 혜택이 향하는 곳에 그 원인(범인)이 있기 마련입니다. 아무도 납득하기 어려운 예외 사례가 늘어날수록 사내 불신은 구성원 각자의 마음속에 씨앗처럼 깊이 뿌리내리고, 마침내 '체념'이라는 거대한 숲을 이루어 조직 전체를 뒤덮게 됩니다.

둘째(2번의 경우), 인사 제도를 적용하는 과정 자체가 예상보다 많은 시간과 노력을 요구하기 때문입니다. 명시된 기준과 전산화된 데이터(예: 연초 개별 KPI 작성) 및 시스템이 갖춰져 있어 간단해 보일 수 있지만, 각 부서의 파편화된 의견과 다양한 이해관계를 하나의 합의된 결과로 조율하는 과정은 생각보다 복잡하고 많은 노력이 필요합니다.

이렇게 모든 절차를 거치고 최종 결정권자의 강한 비판까지 감수하며 어렵게 결정을 내렸는데, 그 결과에 승복하지 못하겠다는 소수의 이의 제기에 발목 잡히는 상황은 담당자에게 아찔하게 느껴질 수 있습니다. 이때 흔히 선택하는 방안은 관련 문서에 '대외비' 표시를 하고, 인사평가위원회와 같이 절차적 공신력을 보강하는 장치를 추가하는 것입니다. 이는 '대외비라 공개할 수 없다' '담당 부서는 모르며, 인사평가위원회에서 최종 결정된 사항이다' 와 같은 대응 논리를 통해 이의 제기를 상대하는 것이 훨씬 수월하기 때문입니다.

사정이야 어쨌든, 받아들여야 하는 구성원 입장에선 의심의 눈초리를 거둘 수 없어요.

"나는 잘 주고 싶었는데... 최종 인사권자가 아니라는데 어째? 다음에 잘 챙겨줄게"라는 격려를가장한 무의미하고 비겁한 변명을 듣는 게 고작이죠.

이렇게 되면 그다음 수순으로는 십중팔구 사내 언로를 차단합니다. 감출 것이 많고 해명이 귀찮아지면 필연적으로 구성원들의 불만 표출을 막아서기 마련이죠.

당장 회사 내 소통공간, 이를테면 공개 게시판이 수난을 당합니다. 어떤 글이 올라오나 실시간 모니터링합니다. 조금이라도 비판적인 글이 올라오면 사내 게시판 운영 수칙을 꺼내 경고 없이 삭제하겠다며 으름장을 놓거나 실제로 그렇게 합니다.

이런 회사, 어떻습니까? 다니고 싶은 마음이 생기나요?

건강한 조직은 당당히 오픈합니다.

자신만의 아이덴티티, 이니셔티브, 정체성, 브랜드 파워 등 자랑거리가 많다면 오히려 당당히 드러내고 싶어집니다. 두려움이 있을 리 없죠. 우리가 이 분야의 선두주자이고 오리지널리티를 가진 확고한 강자라면 내 노하우를 만천하에 공표한들 두려울 이유가 있겠어요? '따라올 테면 따라와 봐'라는 자신감을 표방하며 강자로써의 여유를 보일 겁니다.

'아니 이런 것까지?' 시장이 화들짝 놀랄만한 핵심기술을 화끈하게 오픈하고도 위기는커녕 오히려 승승장구한 회사가 있어요. 바로 '레고'입니다.

레고는 1998년 사용자가 원하는 방식대로 프로그램을 짜 맞춤형 로봇을 제작할 수 있는 소프트웨어와 하드웨어로 구성된 레고 '마인드스톰'이라는 제품을 출시했어요. 얼마 후 제품을 구매한 일부 해커들이 설계 엔진 프로그램을 해킹하는 일이 벌어지죠. 회사의 핵심기술이 유출된 겁니다.

회사 측은 비상회의를 열고 이들에 대한 소송까지 고려했지만 고심 끝에 내린 결단은 의외였어요. 아예 핵심기술의 원천 소스를 공개해 버린 겁니다. 그 결과 레고의 마인드스톰은 오히려 대박이 납니다. 세상의 난다 긴다 하는 실력자들이 자발적으로 모여들어 물고 뜯고 가지고 놀면서 일종의 '오픈 이노베이션'이 활성화된 거죠. 레고의 마인드스톰은 기술적으로도, 마케팅적으로도 대단한 성공을 거뒀습니다.

비슷한 사례가 또 있어요.

마이크로소프트 MS가 1993년 개발한 온라인 디지털 백과사전인 엔카르타와 위키피디아의 흥망이 그것입니다. 엔카르타는 MS의 기술과 막대한 자본력을 투입해 개발됐지만 지금은 흔적도 없이 사라졌죠. 반면 전 세계 누구나 참여해 작성할 수 있는 오픈소스 기반의 위키피디아는 여전히 건재합니다. 핵심기술이든, 브랜드 파워든, 내부 조직문화든 자신 없는 기업일수록 음지로 들어갑니다. 별것도 아닌 걸 습관적으로 감추고 단속하고 꽁꽁 싸맵니다. 정작 경쟁사나 시장, 고객, 내부 구성원들은 관심도 없죠.

자신들이 뭘 잘하는지, 어떤 강점이 있는지 내세우는 기업은 많지만 스스로의 단점이나 부족한 점까지 거침없이 오픈하는 용기 있는 기업은 그리 많지 않습니다. 그런데 세상은 자신들의 강점은 물론 약점과 취약점까지 떳떳이 드러내는 기업들에 열광하더군요. 적어도 자신을 기만하고 뒤통수 치지 않을 것이라는 신뢰가 생겨서일까요? 그런 신뢰가 선택으로 이어지고 기존의 강점과 연결되어 강력한 팬심을 형성하는 선순환이 완성됩니다. 내부 구성원들의 회사에 대한 애정과 충성심은 덤이죠.

이런 회사의 내부 제도와 시스템 역시 그 회사의 비즈니스 스타일과 닮았을 겁니다. 모든 제도에 명확한 기준과 원칙이 있으며, 민감한 인사 정책 관련해서는 과정과 결과가 투명하게 공개될 겁니다. 또한, 철저한 피드백을 통해 구성원 간 상호 이해를 구할 겁니다. 익명 게시판은 활발히 운영되며 다양한 의견이 자유롭게 오갈테죠. 비록 일부 부적절한 글이 있더라도, 대다수 구성원의 상식에 기반하여 금세 자체적인 자정이 이루어질 겁니다. 어때요, 이런 회사라면 정말 믿고 다녀볼 만하지 않을까요?

미국 이스트만 화학 CEO인 마크 코스타 Mark J. Costa 는 이렇게 말했습니다.

"최고경영자로서 가장 큰 두려움은 직원들이 제게 진실을 말하지 않는 것입니다."

내부의 문제를 숨김없이 들을 수 있다면 경영자에게는 커다란 선물이 됩니다. 민감하거나 부정적인 의견이 나올 경우, 입을 막고 발설자를 찾아 응징하기보다는 솔직하고 용기 있게 진실을 말해준 데 대해 치하해야 합니다.

덮어둔다고 문제가 저절로 해결되지는 않습니다. 감춰진 문제는 반드시 다른 방식으로 드러나기 마련이죠. 블라인드, 잡코리아 등 재직자 커뮤니티에 가보면 제 회사에 대한 부정적인 의견이나 비판의 글들이 적지 않게 올라와 있습니다. 가히 현대판 대나무

숲이라 칭할 만합니다. 때로는 언론에까지 유출되어 기업의 실명이 거론되며 곤욕을 치르는 사례도 적지 않습니다. 이러한 문제들은 대개 내부의 소통 채널을 차단하고 진실을 감추기에 급급했던 회사와 경영진의 태도에서 비롯된 것은 아닐까 짐작해 봅니다. 결국 호미로 막을 수 있었던 문제를 서까래로도 감당하기 어려운 사태로 키운 셈이죠.

회사 조직의 투명성은 대체로 '내부 언로의 효과성'에 좌우됩니다. 특히 익명게시판의 존재와 활성화 여부는 매우 중요한 요소입니다. 제아무리 정교한 제도와 시스템, 내부 규칙을 마련했어도 건강한 감시의 시선이 없다면 무용지물로 전락할 가능성이 커지기 때문입니다. 경영진들은 대체로 익명게시판에 대해 부정적인데, 그 이유는 바로 익명성 그 자체 때문입니다.

감추고 숨기고 소수의 밀실행정으로 의사결정이 이루어지는 회사일수록 익명게시판을 적대시합니다. 떳떳하지 못하기 때문이죠. 물론 익명의 부작용도 큽니다. 확인되지 않은 사실을 진실인 양 호도하기도 하고 괜한 분란을 만들기도 하죠.

그럼에도 불구하고 저는 익명 게시판의 효용성을 강력하게 믿고 있습니다. 익명 게시판의 수준이 곧 우리 회사의 수준을 보여주는 바로미터이기 때문입니다. 좋은 회사에서는 자발적인 자정작용이 일어날 것이고, 나쁜 회사에서는 문제가 해결되지 않고 그대로 방치되거나 악화될 것입니다.

익명 게시판은 회사 전체를 높은 곳에서 바라보는 정찰 위성 같은 역할을 합니다. 해상도가 높다면 그 기능만으로도 회사의 특정 부분에 어떤 문제가 있는지 세밀하게 파악할 수 있겠지만, 그렇지 않더라도 전반적인 상황 파악은 충분히 가능합니다. 내부 언로가 더 활짝 열려 자유도가 높을수록 조직의 민낯을 입체적이고 구체적으로 들여다볼 수 있을 것입니다.

세부적으로 조직의 사정을 들여다 보려면 FGI Focus Group Interview를 지속적으로 시행해야 합니다. 이는 경영진이 주관하는 간담회와 유사한 형태죠. 좋은 시간에 좋은 음식 준비해서 정성스레 대접하고 참석자의 목소리에 가만히 귀 기울여 들어보세요.

이외에도 여러 루트를 통해 구성원들이 자유롭게 말하고 의견을 나누고 정보를 공유할 수 있는 기회를 되도록 많이 마련해야 합니다. 이러한 다양한 시도들이 하나의 큰 그림으로 모여, 회사의 정확한 상태를 진단하고 효과적으로 대응할 수 있는 최적의 지도를 완성할 것입니다. 문제가 발견되면 감추거나 가리기에 급급하지 말고, 그 사실을 있는 그대로 받아들이고 근원의 문제를 해결하기 위한 고민부터 시작하세요. 환부가 곪아가는데 거즈로 덮고 기다려 본들 저절로 치유될 리 만무합니다. 환부를 들춰내는 사람이 있다면 겁박하거나 불이익을 줄 게 아니라 칭찬하고 격려해야 합니다.

| T_Q5 |

우리 회사의 제도와 시스템은 구성원(사용자) 입장에서 최적화되어 있다.
시스템 2 목적성

현역시절, 조직문화 실무를 하면서 현장 사람들에게 종종 듣는 이야기가 있었습니다.

"아C, 바빠죽겠는데... 이거 어차피 당신들 KPI 때문에 하는 거 아뇨?"

조직문화 워크숍, 변화관리 리더십 과정에 참석한 사람 중 일부는 미간에 내 천(川) 자를 그리고 팔짱을 낀 채로 투덜거리기 일쑤였어요. 처음엔 기분이 나빴죠. 저는 과정주의자입니다. 성과가 딱히 없어도 과정이 의미 있다면 그 자체로 만족하는 편이에요 (물론 그런 성향 때문에 함께 일하는 팀원들은 불만이 많았을 테지만 말이죠). 그럼에도 불구하고 뭘 할 때마다 그런 이야기를 들으니 이런 생각이 들더군요.

'아니, 설사 그렇다 한들 그게 뭐 나쁘단 말이지? 그렇다면 당신들은 KPI, 실적, 성과와 전혀 상관없는 일을 하고 있단 말인가?'

때로는 참지 못하고 속내를 드러내기도 했죠.

"왜요? 그럼 안됩니까? 이런 게 싫으시면 나가서 개인 사업을 하시던가."

듣는 이들은 내심 기분이 상했을 겁니다. 뭣도 모르는 사무실 샌님이 입만 요란하다 했을 겁니다. 어르고 달래 준비된 과정을 마치면 결과는 반반이었어요. '밑 빠진 독에 물 붓기' '쇠귀에 경 읽기'라고 느낀 적도 있었고, 어느 정도 서로 마음을 열고 의도한 바를 전달할 수 있게 되어 뿌듯했던 적도 있었죠.

지금 돌이켜 보면 그들이 왜 그랬을까? 납득이 갑니다.

회사에서 하는 일이란 게 구성원, 그러니까 그것에 실제로 직간접 영향을 받는 사용자 입장에서 만들어지고 실행된다는 믿음이 없기 때문이란 사실을 알게 됐어요.

인사팀을 중심으로 한 사무직과 현장조직의 사이는 대체로 껄끄럽죠. 어느 회사나 비슷합니다.

고백하건대 이런 껄끄러움은 아무래도 화이트칼라, 펜대들이 만들어왔어요. 변명의 여지는 없어요. 그중에서도 인사총무와 교육, 조직문화 따위 현장과 직접적으로 접촉이 잦은 팀들이 범인이에요. 그런데 조직문화는 괜히 더 억울합니다. 제도를 만들거나 기획하지도 않는데 일선 전면에 나서 온갖 욕을 다 받아먹기 때문이죠. 배부를 정도예요.

어떤 면에선 박쥐와도 같습니다. 회사와 구성원 사이에 끼어 사실상 어디에서도 환영 받지 못하는 존재랄까? 회사와 경영진들에겐 정작 중요 직무로 취급도 못 받아요. 중요하다고 말은 하는데 막상 하려면 귀찮고 돈, 품만 들고 가능하면 뒤로 무르고 싶은 일이라는 인식이 강합니다. 새 CEO가 오거나 어떤 위기가 닥치지 않고서는 전사 차원의 최우선 과제가 되는 일도 드물어요.

일은 현장 중심으로 이뤄지지만, 소속이 이쪽이다 보니 현장은 늘 의심 가득한 눈초리로 지켜봅니다. 한마디로 욕받이 신세죠. 인사, 재무 등 필수직무에 비해 안정성도 없어요. 범 인사 업무로 분류되어 조직문화만을 독립적으로 다루는 회사도 드물죠. 커리어의 끝이라고 해봐야 인사팀장이나 경영지원팀장 정도인데 직장인의 최종 목적지가 되기엔 아쉽습니다. 조직개편 때마다 이리저리 옮겨 다니기 다반사고 위기가 닥치면 축소, 폐지 1순위인 천덕꾸러기 조직이기도 합니다.

그런 이유로 조직문화는 비선호 직무로도 꼽힙니다. 그들에게 성과니 KPI니 실적이니 하는 것은 사실 남의 이야기나 다름없어요. 그저 좋아서, 사명감으로 이 일을 하는 사람들이 많은데 그런 오해는 서글프기까지 합니다.

애초에 회사와 사무직(펜대)에 대한 불신이 강하면 현장에서 뭘 해도 영(令)이 안 섭니다. 실제 현장의 일에 전혀 도움이 안 된다고 생각하기 때문이에요. '이런 거 해봤자 달라지는 게 뭐야? 누구를 위한 제도, 프로그램, 정책이야? 그저 실적 쌓기용 아니야?'라는 불신. 이는 실제로 자신들의 자리 보전에만 관심 있는 일부 경영진과 그들의 손발이 되어 한 몸처럼 움직인 인사 조직이 자초한 불신과 다름없습니다.

대체 왜 하는지, 누구를 위한 일인지도 모르는 혁신을 빙자한 워크숍, 이벤트와 캠페인의 연속. 인풋(돈, 시간, 인력)은 꽤나 들어가는데, 정작 그 일을 마치고 현업으로 돌아가면 남는 게 도통 뭔지 모르겠는 허무함. 본업에 집중하지 못하게 만드는 귀찮은 일의 반복이라는 인식.

'또 시작이구나' '그럴 거면 차라리 내버려 둬' '그냥 돈으로 줘' 따위 냉소가 판치는 이유.

> 중요한 건
> 무엇을 하느냐? 'What'이 아니라,
> 왜 하느냐? 'Why'입니다.

그 '왜'가 경영진의 보여주기식 쇼잉과 그것을 실행하는 운영자의 편의, 담당부서의 KPI 따위에만 있어 보인다면 수천만 원짜리 유명 프로그램도 무용지물일 뿐이죠. 현장의 냉소는 바로 그 지점에서 나옵니다.

제도와 시스템은 '디자인' 되어야 합니다.

디자인? 그거 어려운 거 아니야?

디자인[39]은 "다양한 사물 혹은 시스템의 계획 혹은 제안의 형식 또는 물건을 만들어내기 위한 제안이나 계획을 실행에 옮긴 결과를 의미한다"는군요.

단순히 그림을 그리고 레이아웃을 배치하는 등 기술적 문제만은 아닌 것 같습니다. EX **Employ eXperience** 역시 그런 맥락에서 나왔을 겁니다. 구성원들이 회사의 제도와 시스템을 이용하거나 영향을 받는 데 있어 좋은 경험을 하고 그로 인해 업무에 몰입하고 성과를 내고 성장할 수 있도록 환경을 만드는 일이죠. 이걸 '디자인 한다'라고 표현했을 때 무리가 있어보이진 않습니다.

사무실 생활이란 책상 위에서, 회의실에서, PC 속 PPT 자료에서, 회사 공식 포털에서, 사내 메신저 인터페이스에서, 그리고 상사와 동료, 후배와의 관계 속에서 - 온갖 결정들이 오가는 프로세스 안에 존재합니다.

이 모든 것은 철저히 사용자 중심, 사용자 편의에 맞춰 세심하게 설계되어야 하며, 마치 공기처럼 자연스럽고 존재 자체가 인지되지 않을 정도로 세팅되는 것이 이상적입니다.

그 과정에서 일부 미비점이 발견되면 실시간으로 개선 작업이

---

39) 위키백과

이루어지고, 별다른 요청이 없어도 끊임없는 업그레이드가 이어지는 '능동적 경험 관리'는 선택이 아닌 필수죠.

디자인적 관점의 또 다른 핵심은 일의 몰입을 방해하거나 고통을 주거나 불편을 초래하는 페인 포인트 _pain point_ 를 찾아 제거하는 일입니다. 조금만 관심을 갖고 시선을 바꾸면 구성원이 현장에서 겪는 실제 불편과 고통이 보입니다. 일일이 현장을 누비며 관찰하고 무엇보다 현장의 의견을 지속적으로 듣는 채널을 활성화해야 합니다.

그렇게 듣다 보면 알게 됩니다. 구성원들은 뭐 대단한, 거창한, 돈 많이 드는 개선을 바라지도 않는다는 사실을요. 예컨대 그저 '야간 교대 근무자들 위해 제공되는 컵라면 종류를 다양화해 달라'는 요구 같은 것들이죠. 그 당장이라도 개선할 수 있지만 만족도는 꽤나 높은 페인 포인트 _Pain Point_ 들이 현장에는 수두룩합니다. 교대 근무를 안 해봤다면 매일 같은 음식을 반복해서 먹어야 하는 현실적 고통을 알 리 없죠. 진심이 담긴 관찰과 지속적인 소통만이 현장과 가장 가까운 어떤 지점의 불편과 고통을 감지해 낼 수 있어요.

회사의 정책을 기획하고 실행하는 일 역시 '나'라는 관점에서 벗어나 '타인', 즉 구성원의 관점으로 직장 생활이라는 현상을 바라보려는 의지가 담겨야 합니다. '이 정책은 누구를 위한 것일까?

어떻게 하면 이곳에서 일하는 데 불편함이 없도록 할 것인가?' 따위의 끝없는 질문의 연속이죠.

조직문화의 대가 애드거 샤인 **Edgar Schein**은 조직문화를 '빙산'에 비유해 설명했습니다.

빙산의 가장 아래에는 기본 가정 **Basic Assumption**이 자리하고, 그 위에 공유된 가치 **Shared Value**, 가장 위층에는 겉으로 보이는 인공물 **Artifacts**이 존재한다고 했죠.

이 구조는 디자인 툴 포토샵의 레이어 **Layer** 개념과도 유사합니다. 가장 밑바탕 레이어에는 경영자 혹은 오너의 기본 가정이 깔려 있고, 그 위에 공유된 가치와 인공물들이 층층이 쌓이며 하나의 조직 문화를 형성하게 됩니다. 특히 이 '루트 레이어 **Root Layer**', 즉 오너나 경영진이 가진 '사람에 대한 기본 가정'은 조직의 인사 정책에 그대로 반영됩니다.

예를 들어, 대표가 사람에 대해 "인간은 게으르고 나태해서 감시와 통제가 필요하다"는 가정을 가지고 있다면, 그 조직에서는 근면 성실, 신상필벌, 야근의 생활화 같은 가치가 제도와 규율, 채용 기준 속에 자리 잡게 될 겁니다. 이런 조직의 표면적 인공물 역시 딱딱하고 불편하며, 명확한 수직 구조를 고수하는 모습을 띨 가능성이 높습니다. 그래서 더운 여름에도 긴팔과 넥타이를 고수하는 풍경이 자연스러운 조직이 되는 것이죠. 그렇게 디자인되는 겁니다.

제도와 시스템을 만들고, 교육이나 워크숍을 기획·실행하는 일은 모두 이용자, 즉 구성원 입장에서 설계하고 실행해야 합니다. 이 과정에 운영자나 경영진의 관점이 조금이라도 개입되는 순간, 결과물은 현실과 동떨어진 방향으로 흐르게 되죠.

부디, 디자인적 관점에서 제도와 시스템을 들여다보시길 바랍니다.

3심법으로 하세요.

디자인을 잘하려면 3심법에 능해야 합니다.

관심, 진심, 사심의 3심(心)

관심은 더하기(+)입니다. 디자인 대가들의 첫 번째 특징이기도 하죠. 모두가 무심히 넘기는 사물이나 현상에 관심을 갖고 유심히 관찰합니다. 그 과정에서 모두가 볼 수 있지만 누구도 찾지 못한 것을 찾아냅니다. 많은 것을 보고 자신만의 관점 Dot 을 만들어 연결하고 이전에 없던 새로운 무엇을 만들어내는 능력, 이것을 우리는 '창의성'이라고 부릅니다.

출근길 전철에서, 오가는 거리에서, 책상 위에서, 밥 먹는 자리에서 어제와 다른 오늘을 찾아내 미래와 연결시킵니다. 이른바 '유레카' 포인트는 그 과정에서 종종 튀어나옵니다. 조직의 제도와 시스템을 다루는 일이 무에서 유를 창조하는 일은 아니지만, 이전보다 더 나은 Better, 지금과는 또 다른 Differ 변화를 이어 나가야 한다는 점에서 창의적이어야 합니다. 창의력은 다름 아닌 세심한 관찰력에서 시작됩니다.

진심 역시 더하기(+)입니다. 진심 없이 일하는 사람이 어디 있겠나 싶지만 의외로 많아요. 내 생각은 거의 없고 시키는 일만 수동적으로 처리하는 데 급급한 일종의 '워킹좀비' 상태로 일하는 사람들, 이들은 대개 일에 진심이 없어요. 특히 인사, 교육, 조직문화 등 조직 내 사람에 대한 일을 주로 해야 한다면, 진심의 부재는 치명적입니다. 진심이 결여된 담당자에게 제도와 시스템을 맡길 때 철저히 사용자 관점에서 접근하라는 주문이 통할 리 없죠. 처음부터 자신의 일에 대한 사명감과 동기로 가득한 사람을 특별히 선별해 일을 맡겨야 하는 이유입니다.

사심은 빼기(-)입니다. 제도와 시스템을 만지는 사람이 사심을 갖는 것만큼 위험한 일도 없습니다. 조직 내 사람을 다루는 일은 당연히 공적 마인드가 있어야 합니다. 모두에게 적용되는 제도와 시스템을 만지는데 사심이 개입되는 순간, 반드시 문제가 생깁니다. 사심은 시야를 좁게 만들고 평소라면 뻔히 보이는 상식적 문제도 걸러내지 못하게 합니다.

제도와 시스템이 완성된 후 그 혜택이 누구에게로 향하는지만 제대로 주목해도 사심이 작용했는지 금세 드러납니다. 구성원들은 바보가 아닙니다. 특히 처우와 관련해서는 무척 예민하죠. 뭔가 이상하면 금세 알아챕니다. 자신을 객관화해서 보는 자기 인식 능력이 뛰어난 사람, 주변의 의견을 경청하고 스스로를 경계하는 사람, 보이지 않는 곳에서도 올바른 판단을 내릴 수 있는 마음속 경찰관, 양심이 살아 있는 사람이야말로 제도와 시스템을 다루는 일에 적합합니다.

고양이에게 생선을 맡기면 '절대로' 안 됩니다.

|T_Q6|

**내가 받는 평가와 보상은
정당한 과정을 통해 이루어진 결과라고 믿는다.**
시스템 3 공정성

'나는 회사에서 공정한 대우를 받고 있을까?'

즉시 Yes가 나오지 않는다면 뭔가 문제가 있다는 증거입니다. 공정성은 '기회의 균등'과 '결과의 배분'에 대한 문제입니다. 이는 '기회의 양과 질이 위치와 역할에 맞게 부여되고 있는가? 똑같은 결과를 냈는데 왜 누구는 2개를 받고 나는 1개를 받는가?'에 대한 답입니다.

대개 공정성 문제는 인사제도 등 회사의 정책, 시스템 그리고 리더와의 관계에서 주로 발생합니다. 한마디로 이 판에 적용된 게임의 룰이 정상적으로 작동하는가에 관한 문제죠.

아리스토텔레스는 이렇게 말했어요.

"같은 수준이라고 생각하는 사람들의 작은 허물은 참지 못해도 차이가 엄청난 사람들의 큰 허물에 대해서는 입을 다무는 법이다."

타인과의 비교, 그것 참 무섭습니다. 그중에서도 자신과 비슷한 수준이라고 여기는 그 '누구'와 비교해 불이익을 받고 있다 느낀다면 여간해선 참기 힘들죠. 이는 시대와 장소, 인종을 초월해 보편적인 속성처럼 보입니다.

당장 '사촌이 땅을 사면 배 아프다'라는 속담이 있는데, 독일에도 비슷한 말이 있어요. '샤덴프로이데'[40]. 이는 상반되는 뜻을 담은 두 독일어 단어 'Schaden' 손실, 고통과 'Freude' 환희, 기쁨의 합성어로 남의 불행이나 고통을 보면서 느끼는 기쁨을 말합니다.

여기 한 가지 재미있는 실험이 있습니다.

> [원한다면 지금 당장 1억을 받을 수 있습니다.
> 단, 조건이 있습니다.
> 동시에 세상에서 내가 가장 싫어하는 사람이
> 100억을 받게 됩니다.
> 그래도 1억을 받으시겠습니까?]

놀랍게도 제안을 받은 다수는 망설입니다. 당장 내게 1억이 생기는 일인데도 내가 가장 싫어하는 누군가가 받게 될 거대한 행운을 못 견디는 겁니다. 이런 본성이 공정성의 실체라면? 다같이 불행한 하향평준화를 피할 수 없을 겁니다.

---

40) 위키백과

관건은 '약속'이에요. 우리는 이런 요소로 평가하고 이렇게 보상하겠다는 약속. 회사의 제도와 시스템, 규칙은 그런 약속들을 담은 룰의 결정체죠. 룰의 디테일에 뭔가 불완전하고 공감하지 못하는 요소가 있다 해도 다수의 구성원들이 받아들이기로 했다면 그럭저럭 돌아는 갑니다. 애초부터 모두가 만족하는 룰이란 있을 수 없으니까요.

문제는 룰 브레이킹입니다. 누군가 석연찮은 이유로 룰의 예외를 적용 받았다는 사실이 알려지면 공정성은 그 즉시 훼손됩니다. 이미 합의된 약속을 깨는 행위이기 때문이에요. 피치 못할 사정이 있었다면 회사 차원에서 왜 그런 예외가 발생했는지 A~Z까지 소상히 밝혀야 합니다. 후속대책도 이어져야 하죠. 추후 방지책을 마련하거나 제도나 시스템의 미비로 예외의 발생이 불가피할 경우, 아예 룰에 편입시켜 추가적인 구성원 합의를 얻어야 합니다.

만약 이렇다 할 이유도 없이 룰 브레이킹이 수시로 발생하거나 그 자체를 숨기는 경우 일은 더 커집니다. 감춘다고 감춰지는 게 아니거든요. 자신의 처우와 생존에 관한 한 인간의 촉은 예리하기 그지없습니다. 언젠가는 들통이 납니다. 조직의 권력자가 힘을 이용해 이런 예외를 남발하고 숨기고 기만한다면 조직의 공정성, 신뢰성은 심각한 수준으로 훼손되고 맙니다.

#드라마 [미생]의 한 장면

원인터는 대기업 종합상사입니다. 이 회사에 고졸 낙하산이 인턴으로 들어왔어요. 인턴 지원서를 내고 시험을 치르고 면접을 거쳐 정식으로 인턴 발령을 받은 20여 명은 웅성거립니다. 누구지? 얼마나 대단한 백을 가졌길래? 아이비리그라도 나왔나?

자신의 의지와 상관없이 고졸 검정고시 인턴 장그래를 받게 된 영업 3팀 오 과장은 불편하다. 며칠 유심히 지켜본 결과 뭔가 남다른 면도 눈에 띈다. 성실하고 남 탓하지 않고 묵묵히 제 할 일을 하는 모습에 서서히 마음도 누그러진다. 낙하산을 팀에 꽂은 실세의 정체를 알게 되면서 상황은 180도 틀어진다. 최 전무. 과거의 불미스러운 일로 오 과장과는 틀어진 사이다. 낙하산을 하필 자기 팀에 꽂은 최 전무의 저의를 알 수 없어 오 과장은 분노한다. 영문도 모른 채 오 과장의 미움을 받게 된 장그래, 어느 날 엘리베이터에서 오 과장과 마주친 김에 속마음을 털어놓는다.

"…기회를 주실 수 있잖아요."

"기회에도 자격이 있는 거다."

오 과장은 차갑게 쏘아붙인다.

"무슨 자격이요?"

> "여기에 있는 사람들이 이 빌딩 로비 하나 밟기 위해서 얼마나 많은 계단을 오르락내리락 한 줄 알아? 여기서 버티기 위해 또 얼마나 많은 땀과 눈물과 좌절을 뿌렸는 줄 알아? 기본도 안된 놈이 빽 하나 믿고 엘리베이터 타는 세상, 그래 뭐 그런 세상인 것도 맞지. 그런데 난 아직 그런 세상 지지하지 않아."

맞는 말이죠. 오 과장의 말에 전적으로 공감합니다.

물론 고졸 인턴이 입사할 수도 있죠. 전형적인 스펙 외에도 '한 분야에서 누구나 인정할 만한 업적을 남겼거나 탁월한 역량이 인정될 경우 학력에 상관없이 특별채용한다'라는 별도의 규정이 있다면 누가 그 입사에 반기를 들 수 있을까요?

그런데 규정도 전례도 없다가 갑자기 그런 사례가 생기면 '뭐지?' 싶은 겁니다. '누구 백이야? 스펙이라도 좋으면 모르겠는데 고졸? 검정고시? 외국어도 못해? 그런데 어떻게 들어왔지?' 따위 뒷말이 자연스럽게 돌게 되어 있어요.

불필요한 의심과 가정, 상상력이 총동원되어 헛헛한 소문이 돕니다. 조직 전반의 신뢰에 실금이 가기 시작하는 신호. 제아무리 성실하고 잠재력을 가진 장그래라 해도 처음 시작은 누구도 동의

못할 예외를 적용받았다는 사실만은 부인할 수 없죠. 낙하산은 낙하산일 뿐, 추후 있을지도 모를 당사자의 실적과 성장이 입사 절차라는 공정성 훼손을 정당화할 수는 없어요.

무엇이 공정인가? 정답은 없지만, 해답은 있습니다

우리가 함께 결정하면 그것이 우리의 답이 됩니다. 정답은 아니라도 해답은 될 수 있죠. 무엇을 결정하는가? 보다 왜 그렇게 결정했는가? 하는 과정이 중요한 이유입니다.

어떤 기준으로 평가하고 보상할지 그건 회사의 자유지만, 중요한 건 구성원들이 동의했는가 여부예요. '무엇이 우리의 공정인가?' 하는 것부터 합의하세요. 여기 두 가지 샘플을 제시합니다.

메이저리그식 공정(기회의 균등)

미국 프로야구 MLB 리그에는 30개 팀이 소속돼 있습니다. 이름 그대로 '메이저' 리그답게, 모든 팀이 일정 수준 이상의 전력을 유지합니다. 흥미로운 건, 자본주의의 상징과도 같은 미국에서 운영되는 리그임에도 불구하고 순수한 자유 경쟁에만 의존하지 않는 구조를 택하고 있다는 점이에요.

MLB는 리그 전체 수익 중 약 30~35%를 '수익 공유 revenue sharing' 제도로 묶어 모든 팀에 균등하게 배분합니다. 지역 방송

권 수익처럼 격차가 큰 수입원을 나눔으로써, 스몰마켓 팀도 최소한의 경쟁력을 유지할 수 있도록 설계된 장치죠. 또한 연봉 총액에 일정 한도를 두는 사치세 Luxury Tax 제도도 운영해, 자금력이 풍부한 팀들이 과도하게 전력을 집중하지 못하게 하고 있습니다.

이러한 시스템 덕분에 MLB는 '부자 구단 vs 가난한 구단'의 격차가 존재함에도 불구하고, "메이저리그 팀"이라는 일정 수준의 균질성이 유지됩니다. 강팀이 꼴찌를 할 수 있고, 약팀이 우승을 차지할 수도 있는 높은 변동성이 리그의 매력을 더하죠. 또, 성적이 부진한 팀에게는 다음 시즌 드래프트 상위 지명권이 주어져 전력을 재정비할 기회도 보장됩니다.

팀은 메이저리그라는 무대에 고정되어 있지만, 선수 개인은 마이너리그를 오가는 철저한 실력 기반의 경쟁을 겪습니다. 이 모든 것은 MLB라는 조직과 그 구성원인 30개 팀이 합의한 공정의 방식입니다.

프리미어리그식 공정(성과에 따른 보상)

반면, 영국의 프리미어리그 EPL는 승강제를 기반으로 한 철저한 성과 중심 시스템을 운영합니다. 시즌 성적이 저조한 하위 3개 팀은 챔피언십(2부 리그)로 강등되고, 하위 리그에서 성과를 낸 팀은 승격됩니다. 잘하면 1부 리그로 올라가고, 그 이후엔 유럽 챔

피언스리그 등 상위 대회 출전이라는 더 큰 보상의 사다리가 기다리고 있죠.

이런 구조는 명확한 동기부여와 극적인 서사를 만들어내지만, 동시에 강팀과 약팀의 격차를 고착화시키는 부작용도 낳습니다. 빅클럽들은 막대한 중계권료와 후원 수익, 스타 선수 영입력으로 지속적인 선순환 구조를 유지하는 반면, 승격된 약팀들은 잔류 자체가 과제입니다.

특히 EPL은 중계권 수익 배분에서 일정한 평등 요소가 있긴 하나, 빅클럽이 더 많은 중계 시간과 인지도를 확보하기 때문에 실질적으로 더 많은 수익을 가져갑니다. '꾸준한 강팀 vs 꾸준한 약팀'이라는 구도는 어느 정도 시스템에 내재된 결과라 볼 수 있습니다.

이러한 구조의 대표적인 사례가 바로 리즈 유나이티드 **Leeds United** 입니다. 한때 EPL의 강팀이었지만 하위 리그로 강등된 뒤 좀처럼 복귀하지 못했고, 오랜 기간 동안 '리즈 시절'이라는 말만을 남긴 채 과거의 영광을 되찾지 못했죠.

이 역시 EPL이라는 거대한 조직과 그 구성원인 구단들이 합의한 룰에 기반한 공정의 방식입니다.

공정함의 형태는 다르지만, 핵심은 합의된 신뢰

어떤 공정을 선택하든 그건 자유입니다. MLB처럼 기회의 균등을 우선할 수도 있고, EPL처럼 성과의 보상을 중시할 수도 있죠. 옳고 그름은 없습니다. 다만, 어떤 방식이 우리의 현실과 조직 문화에 더 적합한가를 고민해야 할 뿐입니다.

가장 중요한 건 합의된 룰에 대한 신뢰입니다. 아무리 정교하게 설계된 룰이라도, 예외와 반칙이 반복되면 신뢰는 무너집니다. 신뢰는 마치 얇은 종이와 같아서 한 번 구겨지면 다시는 본래의 모습으로 돌아갈 수 없습니다. 그리고 그 신뢰가 무너지는 순간, 그 조직의 공정성은 껍데기만 남게 됩니다.

일단 합의된 룰이 있다면, 룰 브레이킹에 대해선 단호하게 대처해야 합니다. 예외의 발생 즉시 그 사실을 공표하고 '왜?'에 대해 해명하세요. 추후에도 반복될 가능성이 있다면 조건을 명시하여 룰에 편입시키세요. 그 일 자체를 또 합의하는 겁니다. 신뢰는 모든 구성원이 합의하고 교감하고 고개를 끄덕이는 과정에서 생긴다는 사실을 잊지 마세요.

규칙 없이도 잘 돌아가는 회사의 비밀

일본에 미라이 공업이란 회사가 있습니다. 이 회사 사장은 사무실에서 러닝셔츠만 입고 돌아다닙니다. 더 황당한 건 승진 절차예요. 직원카드를 쌓아놓고 선풍기 바람을 날려 가장 멀리 날아간 사람이 승진자로 결정됩니다.

그 이면에는 '누굴 승진시켜도 잘할 것'이라는 이 회사만의 자신감이 깔려 있습니다. 이곳 구성원들 역시 승진 결과에 크게 개의치도 않습니다. 과장이 되건 아니건, 직책을 맡건 못 맡건 자신의 능력대로 공정하게 대우받고 있다는 노사 상호 믿음이 바탕에 깔려 있기 때문입니다. 물론 직책을 달고 싶은 욕구가 큰 사람은 이런 방식에 불만이 있겠지만 정 싫으면 회사를 떠나면 됩니다. 이것이 이 회사만의 룰이자 모두가 동의한 공정함의 표면인 셈이죠. 미라이 공업은 직원의 자율성과 행복을 중시하는 독특한 기업 문화로도 유명합니다.

넷플릭스는 '규칙 없음'[41] 이란 규칙으로 유명합니다. 정말 넷플릭스는 규칙 없이 잘 돌아가고 있을까요? 반은 맞고 반은 틀립니다. 넷플릭스에는 휴가규정도, 출장비에 대한 규정도 없습니다. 다만 반드시 지켜야 할 규칙은 명확합니다.

'각자의 위치에서 회사에 가장 도움이 되는 방향으로 행동하라.'

그 함의 역시 분명합니다. 넷플릭스 사람이라면 최고의 능력과 인성 수준을 겸비하고 있다는 자신감이죠. 바로 상호 신뢰입니다. 이들이라면 자신의 위치에서 회사와 스스로를 위해 최선의 판단

---

41) [규칙없음], 리드 헤이스팅스, 알에이치코리아, 2020

과 행동을 할 것이라는 강력한 믿음. 일일이 통제하고 규정에 따라 간섭하지 않아도 스스로 판단해 움직이는 자율성의 힘. 이런 문화에서라면 공정성 시비 자체가 있을 수 없죠.

무엇이 정답인가가 아니라 무엇을 합의했는가. 세세한 규칙을 만들고 상벌 규정을 두고 그 본보기를 만드는 차원을 넘어선 진짜 신뢰, 그 믿음이 기본 장착된 조직의 힘은 실로 대단합니다. 조직 차원에서 룰이 비교적 잘 돌아간다면 그다음은 개인의 문제로 향합니다. 나 자신을 들여다보는 일 말이에요. 남과 비교를 일삼아 봤자 피곤해지는 건 자신뿐이라는 사실을 아는 겁니다.

약간의 불공평이나 부당함은 대수롭지 않게 넘겨도 괜찮아요. 조금은 손해본다는 느낌으로 사는 겁니다. 일일이 계산해서 1을 주었으니 1을 꼭 돌려받겠다는 생각으로 살다 보면 나만 피곤해질 뿐입니다. 하나를 받으면 둘, 셋을 줘 보세요. 10 중 8~9는 하나를 겨우 되돌려 받거나 아예 못 받는 경우도 있겠지만 1~2는 그 이상으로 되돌아 올지도 모릅니다.

타인의 행운에 대해 마음을 다해 기뻐해주자고요. 내 주변에 온통 실패하고 좌절하고 우울한 루저들만 가득한 것보다 성공적이고 에너지 넘치고 행복한 사람들이 가득한 편이 백배 더 낫지 않을까요?

누가 봐도 명백한 반칙을 목격했다면 그땐 쉬쉬하지 말자고요. 사실에 근거해서 바로잡으려 노력해야 합니다. 가만히 있으면 중간은 간다는 마음으로 복지부동하면 같은 부조리가 반복될 뿐이에요. 왜 하필 그 사람인지? 왜 그 예외가 문제가 되는지? 분연히 일어서세요.

스스로 구린 구석이 있는 자들은 압니다. 자신이 받은 혜택이 공정의 결과인지 아닌지를. 다만 감추고 속이고 포장해서 타인이 모르게 '먹을' 수 있다고 착각할 뿐이죠. 자신의 이익을 위해 교묘히 룰을 깨려는 이들이 누군가 자신을 노려보고 있다는 사실을 인지하게 되면 스스로 움츠려들 수밖에 없어요.

무엇보다 이런 사람들과 한 공간에서 일하는 건 피곤한 일입니다. 서로 누가 반칙하지는 않는지, 특혜를 받지는 않는지, 나만 불이익을 받는 건 아닌지 하는 의심 속에서 하루를 보낸다면 정말이지 끔찍하잖아요.

신뢰가 깨진 조직이 지옥이 되는 이유입니다.

錄 out_ *epilogue*

많은 회사들이 조직문화를 고민합니다. 구성원의 자발적 몰입과 직무만족을 꾀하고 잠재력을 폭발시켜 더 나은 성과를 만들려면 좋은 조직문화가 필수라는 진리만은 잘 알고는 있는 것 같습니다.

그 유명한 피터 드러커 Peter Drucker 는

"전략은 조직문화의 아침거리도 안된다!"
Culture eats strategy for breakfast.

라며 조직문화의 중요성을 역설했죠.

죽어가던 공룡 IBM을 기적적으로 부활시킨 루 거스너 Lou Gerstner 역시

"조직문화는 게임의 일부가 아니라 전부다"
I came to see, in my time at IBM, that culture isn't just one aspect of the game – it is the game.

라고 단언했습니다.

그렇지만 안타깝게도 좋은 조직문화 만들기에 뛰어든 대다수 기업은 실패하고 맙니다. 들인 인풋(돈, 시간, 인력)에 비해 별로 남는 것도 없이 찻잔 속 태풍, 한여름 소나기가 내린 후 풀잎에 맺힌 한방울 빗물에 그칩니다.

저는 그 이유를 한마디로 단언합니다. 바로 조직의 네 가지 펀더멘탈 밑MEET이 빠졌기 때문이라고요. 밑MEET이야말로 한 조직의 구성원들이 '나 이제 몰입해서 일할 준비가 됐어요!'라고 마음을 다지게 할 수 있게 만드는 시작점입니다. 그 밑MEET이 단단히 메워지고 안정화될 때, 비로소 우리만의 특색을 살린 문화적 구조물을 쌓아 올릴 수 있게 됩니다.

구글의, 애플의, 배민의 문화가 같은 듯 서로 다른 것처럼 그 누구도 흉내 낼 수 없는 고유의 문화를 구축하려면 흔들리지 않는 토대부터 쌓는 일이야 말로 우선순위가 되어야 마땅합니다. 동기부여되다 못해 뭐든 할 수 있을 것 같은 에너지로 가득 차 있고, 감성과 이성의 균형을 갖춘 꽤 괜찮은 사람들로 가득하고, 심리적 안전감과 강력한 소속감 속에 서로를 신뢰하는 시그널이 여기저기 가득한 회사. 구성원 개개인은 '내가 이곳에서 성장하려면 어떻게 일하고 관계를 맺으며 또 어떤 방식으로 나 자신을 성장시켜야 하지?'라는 본질에 대한 질문을 잊지 않습니다.

리더는 부하직원들의 몰입을 방해하는 요소는 무엇인지, 어떻게 하면 일을 통해 성장하도록 피드백하고 격려할 수 있을지 고심합니다. 개인과 조직 전체가 그 답을 찾기 위해 큰 대전제 속에서 각자의 방식으로 움직입니다.

물론 때로는 실패도 겪고 마음처럼 되지 않아 갈등이 생기고 지지고 볶지만, 기본적으로 네 가지 펀더멘탈, 밑MEET이 탄탄한 조직이라면 어떻게든 그 과정에서 교훈과 통찰을 찾아냅니다. 그리고 궁극적으로는 개인과 리더, 회사라는 세 이해관계자 전체가 우상향하는 성장곡선을 그려낼 수 있을 겁니다. 그쯤 되면 '아! 이런 회사라면 앞으로도 계속 일해보고 싶어!'라는 마음이 들지도 모르죠. 우리가 그런 회사를 만들어내지 못하는 이유는 어쩌면 간단합니다. 그저 '먹고 살기 위해'라는 1차원적 동기에 철저히 머물러 있거나 좋은 직장을 선택하고 만드는 일에 내 힘으로 할 수 있는 건 없다는 '체념' 혹은 '무기력'에 빠져 있기 때문입니다.

착한 콩쥐의 '밑 빠진 독'을 메꿔주던 마법의 두꺼비는 현실에 없습니다. 녹록지 않은 현실은 현실대로 인정하자고요. 그럼에도 불구하고 나는 어떤 회사에서 일하고 싶은지? 어떤 일을 할 때 몰입되고 즐거운지? 내가 할 수 있는 건 무엇인지? 상상하고 결정하고 이행하는 건 어디까지나 나의 자유입니다. 빠진 밑을 먼저 메우든, 독을 통째로 바꾸든 그 주체는 오롯이 나 자신이어야 합니다. 더 이상 남 탓, 환경 탓에 머무를 이유가 없습니다.

그동안 잘 따라오셨어요.

깊은 감사의 마음을 전합니다.